◢ 大院君

◢ 朝鮮閔妃

◢ 壬午軍亂發生地昌德宮

◢ 朴泳孝

◢ 金玉均

◢ 洪英植

◢ 袁世凱

大朝鮮開國五百一年銀幣

朝鮮開國五百二年銀幣

◢ 乙未事變策劃者：
日本駐韓公使三浦梧樓

◢ 乙未事變發生地景福宮

◢ 李提摩太夫婦

◢ 康有爲

◢ 譚嗣同

◢ 光緒皇帝

◢ 慈禧太后

◢ 北京-頤和園

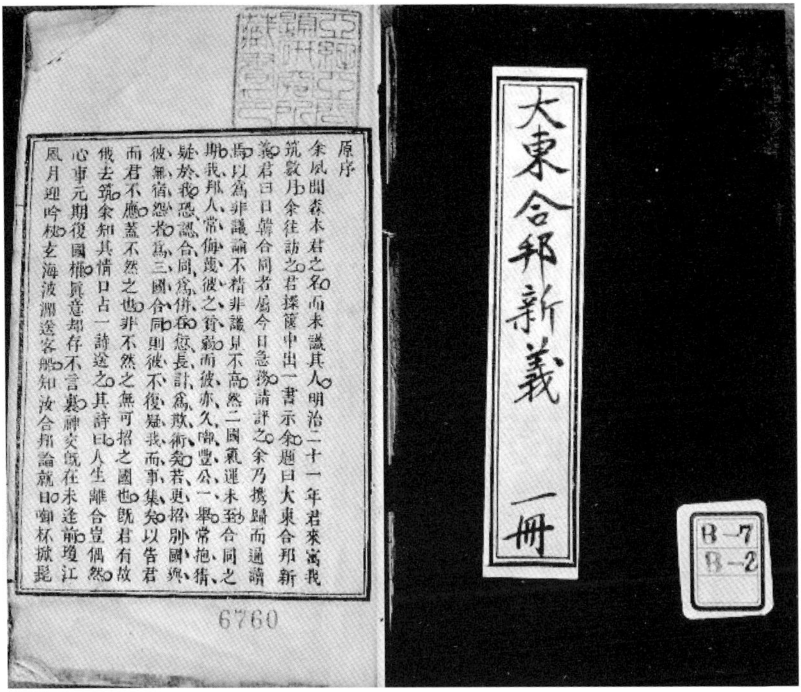

◢ 大東合邦新義

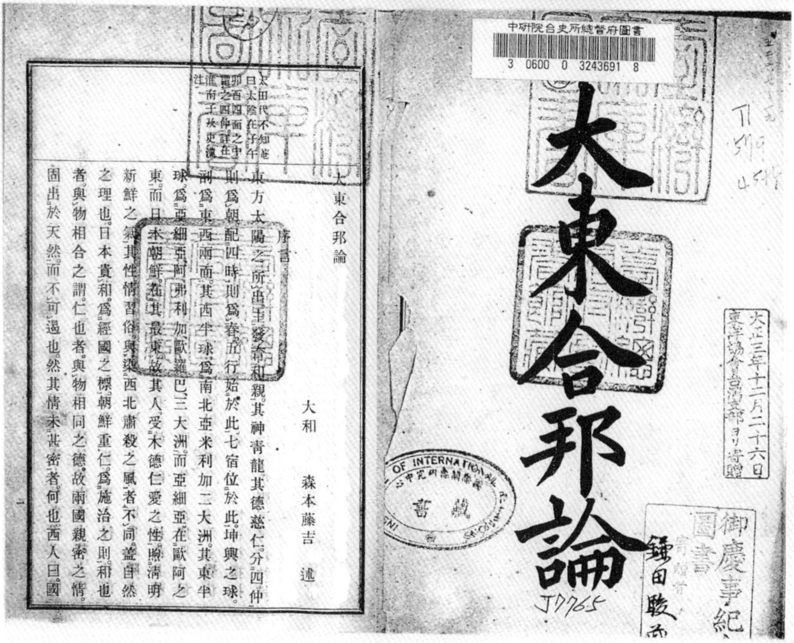

◢ 大東合邦論

◢ 日本公使矢野文雄

◢ 梁啓超

◢ 伊藤博文

◢ 直隸總督榮祿

◢ 1898年駐防威海的英艦HMS Centurion號

◢ 楊深秀

◢ 英國海軍中將西摩

◢ 英國公使竇納樂

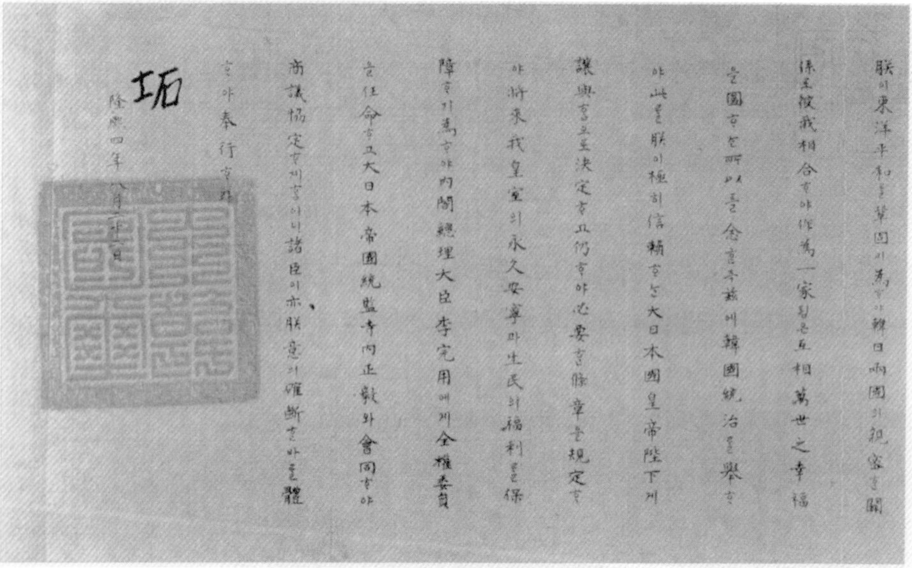

朕이東洋平和를鞏固히為ᄒᆞ야韓日兩國의親密ᄒᆞᆫ關
係로彼我相合ᄒᆞ야作為一家ᄒᆞᆷ은互相萬世之幸福
을圖ᄒᆞᄂᆞᆫ所以를念ᄒᆞ야玆에韓國統治를擧ᄒᆞ
야此를朕의極히信賴ᄒᆞᄂᆞᆫ大日本國皇帝陛下께
讓與ᄒᆞ기로決定ᄒᆞ고仍ᄒᆞ야必要ᄒᆞᆫ條章을規定ᄒᆞ
야將來我皇室의永久安寧과生民의福利를保
障ᄒᆞ기為ᄒᆞ야內閣總理大臣李完用에게全權委員
을任命ᄒᆞ고大日本帝國統監寺內正毅와會同ᄒᆞ야
商議協定ᄒᆞ게ᄒᆞ노니諸臣이亦朕意의確斷ᄒᆞᄂᆞᆫ바를體
ᄒᆞ야奉行ᄒᆞ라

隆熙四年八月二十二日

坧

◢ 1910年日韓併合條約

◢ 日本朝鮮總督府舊址（1993年攝）

◢ 大韓帝國皇帝李熙

◢ 宋秉畯

◢ 李容九

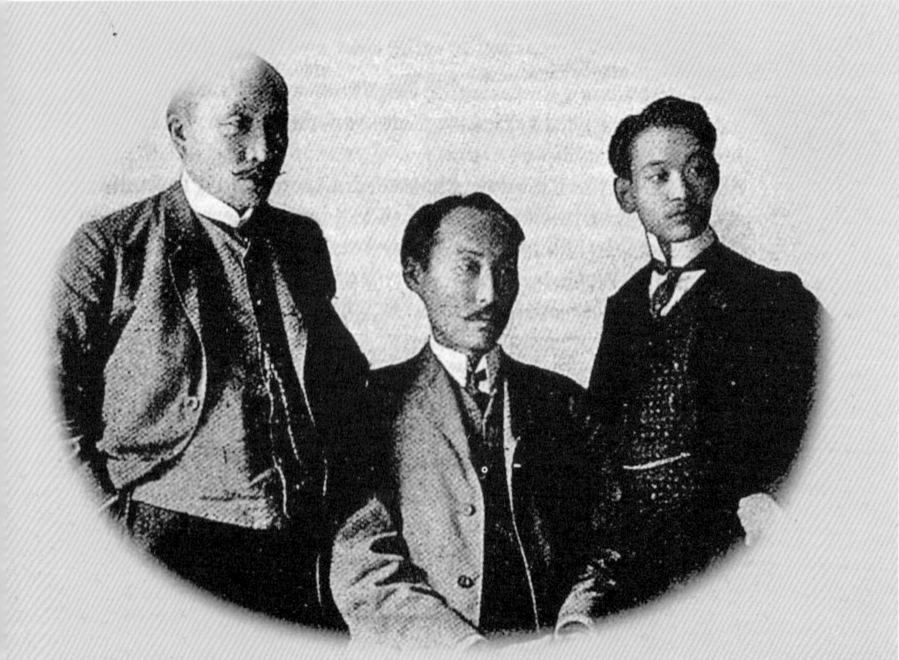

◢ 海牙密使

失落的眞相

晚清戊戌政變史事新探

雷家聖　著

五南圖書出版有限公司

自序

本人所著之《力挽狂瀾——戊戌政變新探》（台北：萬卷樓，二〇〇四年）一書，打破前人對戊戌政變的舊說，認爲慈禧太后發動戊戌政變，粉碎了外國「借才」、「合邦」的陰謀，對中國有力挽狂瀾之功。此書出版迄今已逾十年。此十年中，不斷有學者繼續從事戊戌變法與戊戌政變的相關研究，如茅海建《戊戌變法史事考》（北京：三聯書店，二〇〇五年），茅海建《從甲午到戊戌：康有爲《我史》鑒注》（北京：三聯書店，二〇〇九年），邱濤、鄭匡民〈戊戌政變前的日中結盟活動〉（收於《近代史研究》二〇一〇年第一期），茅海建《戊戌變法史事考二集》（北京：三聯書店，二〇一一年），馬勇《戊戌政變的台前幕後》（南京：江蘇人民出版社，二〇一二年）等。這些新的研究成果，蒐集整理了更多前所未見、未曾爲史家徵引的史料，使本人戰戰兢兢，唯恐新史料、新解釋的出現，推翻了本人的一家之言。不過，經本人詳細閱讀各家新研究成果之後，慶幸自己的觀點，雖然不無應當修正增補之處，但大體上仍然屹立不搖。撰寫《慈禧——開啓現代中國的皇太后》（台北：麥田出版社，二〇一五年）的美籍華裔作家張戎女士也說：「台灣的雷家聖先生講戊戌變法的論文，見解獨到，不可不讀。」拙著的觀點，漸爲學界所肯定與接受，實感幸甚。

回顧本人對戊戌政變的研究之路，最初曾參酌郭廷以、黃彰健、孔祥吉等先生所引據之史料，撰有〈戊戌變法時期的「借才」、「合邦」之議：戊戌政變原因新探〉（收於《歷史月刊》第一百八十一期，二〇〇三年二月）一文，提出慈禧太后發動戊戌政變，阻止了「借才」、「合邦」的國際陰謀，對「政變」這一事件做出了正面的評價。不過，該文限於篇幅，內容較爲簡略，對當時政治、外交與人物的相關背景，尚有待更深入的說明。其後，又將該文加以擴充成《力挽狂瀾——戊戌政變新探》一書。成書之後，又根據新的研究成果，加以增補，並不斷發表論文與書評，與研究戊戌變法相關課題的學者，進行交流。本人這些年發表的文章，計有〈茅海建《戊戌變法史事考》〉（《漢學研究》第二十三卷第二期，二〇〇五年十二月，頁五三一～五三八）、〈失落的眞相——晚清戊戌變法時期的「合邦」論與戊戌政變的關係〉（韓國《中國史研究》第六十一輯，二〇〇九年八月，頁一七七～二一〇）、〈茅海建《從甲午到戊戌：康有爲〈我史〉鑒注》〉（《香港社會科學學報》第三十七期，二〇〇九年秋冬號，二〇〇九年十二月，頁二〇一～二一二）、〈《大東合邦論》與《大東合邦新義》互校記——兼論晚清「合邦論」在中國的發展〉（韓國《中國史研究》第六十六輯，二〇一〇年六月，頁八七～一〇七）、〈評茅海建《戊戌變法史事考二集》〉（韓國《中國史研究》第七十八輯，二〇一二年六月，頁二二一～二二八）、〈康有爲是賣國賊嗎？——再論戊戌政變的原因〉（《實踐博雅學報》第二十二期，二〇一五年七月，頁一～一八）。現將近年蒐集增補之材料，補入原書之中，並將書名改爲《失落的眞相——晚清戊戌政變史事新探》，以饗讀者。付梓之前，草此數語，聊爲之序。

雷家聖

二〇一五年十月

目錄

附表目次

第一章　序論

一

什麼是歷史？筆者認爲，歷史是以往的人、事、物，以及對這些人、事、物的記載與研究。以往的人與事，已經一去而不復返，以往的物（大到建築、古蹟，小到各種文物、骨董）能夠保存流傳到今日者，也只有非常少的一部分，因此，我們歷史知識的主要來源，並不是直接接觸以往的人、事、物，而是從歷史的記載中，得到各種歷史知識。歷史記載的形式，包羅萬象，包括了書籍、影視、電腦及其他媒體，其中以書籍爲最主要的形式；歷史書籍中記載歷史的方法，又包括了文字、繪畫、相片等，當中又以文字記載爲最主要的方法。只要書中記載的內容，是以往的人、事、物，則此書便可算是一部歷史記載。

然而，我們所閱讀的歷史書籍，能夠完全呈現客觀的歷史眞相嗎？歷史記載的內容，都是正確無誤的嗎？答案應該是否定的。歷史的記載，或史料本身已經殘缺不全，或由於撰述者能力的限制，或受到撰述者主觀意識有意無意的影響，使得歷史記載當中，缺漏錯誤之處層出不窮。因此，需要歷史研究者進行研究，透過研究，將歷史記載中的缺漏之處加以補充，將錯誤之處加以釐清，把不清楚的地方弄得更清楚；透過研究，不斷更新歷史的記載，即使百分之百的歷史眞相永遠不能達到，但能往此一方向前進一小步，便是進步。歷史學便在記載與研究不斷的互動當中，得到提升與發展。

說到歷史的記載，「戊戌變法」與「戊戌政變」，是中國近代史上的重大事件，也是各種介紹中國近代史的書籍中，不可或缺的一章。光緒二十四年（一八九八）的戊戌變法，在康有爲等人的主導與光緒皇帝的支持之下，推行了一百多天，最後在慈禧太后發動政變重新訓政的情形之下，變法以失敗告終。

對於戊戌政變發生原因的解釋，最常見的是「守舊派、變法派對立」的說法，這是從當時的政治結構進行分析，屬於較宏觀的歷史解釋。此說認爲在甲午戰爭之後，中國越來越衰弱，思想先進的康有爲、梁啓超等人，爲了救中國，主張變法維新，光緒皇帝受其影響，因此下詔「更新國是」，正式開始變法；然而變法進行了一百零三天之後，保守、守舊、頑固、反對改革的慈禧太后，突然發動政變，軟禁光緒皇帝，逮捕變法派官員，殺害戊戌六君子，導致康、梁逃亡海外，戊戌變法徹底失敗。這一種將戊戌變法失敗的原因歸咎於守舊派反撲的說法，由來已久，在戊戌政變發生之後不久，這種說法即已十分盛行。例如康有爲的弟子梁啓超在《戊戌政變記》一書中，認爲政變的總原因有二端：「其一由西后與皇上積不相能，久蓄廢立之志也；其二由頑固大臣痛恨改革也。」[1]梁啓超並且列舉了十四條戊戌變法期間守舊派對變法改革阻撓反撲的實際例子，茲略舉其中數條如下：

2. 同（三）月，梁啓超等聯合舉人百餘人連署上書，請廢八股取士之制。書達於都察院，都察院不代奏；達於總理衙門，總理衙門不代奏。當時會試舉人集輦轂下者，將及萬人，皆與八股性命相依，聞啓超等此舉，疾之如不共戴天之仇，偏播謠言，幾被毆擊。

3.先是，湖南巡撫陳寶箴、湖南按察使黃遵憲、湖南學政江標、徐仁鑄、湖南時務學堂總教習梁啓超及湖南紳士熊希齡、譚嗣同、陳寶箴之子陳三立等，同在湖南大行改革，全省移風。而彼中守舊黨人疾之特甚，屬遣人至北京參劾。於是左都御史徐樹銘、御史黃均隆相繼入奏嚴劾，皇上悉不問。而湖南舊黨之燄益熾，乃至鬨散南學會，毆打湘報主筆，謀毀時務學堂，積謀數月，以相傾軋。

4.於四月廿三日，皇上下詔定國是，決行改革，于是諸臣上奏，雖不敢明言改革之非，而腹誹益甚。五月初五日，下詔廢八股取士之制，舉國守舊迂謬之人，失其安身立命之業，自是日夜相聚，陰謀與新政爲敵之術矣。禮部者，科舉學校之總匯也，禮部尚書許應騤百計謀阻撓廢八股之事，於是御史宋伯魯、楊深秀劾之，許應騤乃轉劾康有爲。皇上兩不問。

5.先是，二月間，康有爲上書大陳變革之方，大約以革除壅蔽、整定官制爲主義。請在京城置十二局，凡局員皆選年力精壯、講習時務者爲之。書既上，皇上飭下總理衙門議行。……當五月間，大臣屢駁此書，皇上屢命再議之時，舉京師謠言紛紜，不可聽聞，皆謂康有爲欲盡廢京師六部九卿衙門。彼盈廷數千醉生夢死之人，幾皆欲得康之肉而食之。其實康不過言須增新衙門耳，尚未言及裁舊衙門也，而訛言已至如此，辦事之難，可以概見矣。……

6.皇上自四月以來，屢次所下新政之詔，交疆臣施行。而疆臣皆西后所擢用，不知有皇上，皆置詔書於不問，皇上憤極而無如之何。至六月初十日，乃下詔嚴責兩江督臣劉坤一、兩廣督臣譚鐘麟、直隸督臣榮祿。又將督撫中之最賢而能任事之陳寶箴，下詔褒勉，以期激發疆臣之天良，使有所勸懲，稍襄新政。不意各疆臣怨望益甚，謗讟紛起，而頑固之氣卒不少改，惟嫉視維新之臣若仇敵耳。……

8.至七月間，候補京堂岑春煊上書請大裁冗員，皇上允其所請，特將詹事府、通政司、光祿寺、鴻臚寺、太常寺、太僕寺、大理寺、及廣東湖北雲南巡撫、河東總督、各省糧道等官裁撤。此詔一下，於是前者尸位素祿、闒冗無能、妄自尊大之人，多失其所恃。人心皇皇，更有與維新諸臣不兩立之勢。

9.支那之大弊，莫甚於上下壅塞，下情不能上達，至是皇上屢命小臣上書言事，長台不得阻抑。乃七月間，禮部主事王照上書請上遊歷外國，禮部堂官等不爲代達。皇上震怒，乃將禮部尚書懷塔布等六人革職，賞王照以四品京堂，是爲皇上初行賞罰之事。此詔一下，維新者無不稱快，守舊者初而震恐，繼而切齒。於是懷塔布、立山等率內務府人員數十人環跪於西后前痛哭，而愬皇上之無道。又相率往天津就謀於榮祿，而廢立之議即定於此時矣。皇上於二品以上大員，無進退黜陟之權，彼軍機大臣及各省督撫等屢屢抗旨，上憤極而不能黜之，此次乃僅擇禮部閒曹無關緊要之人一試其黜陟，而大變已至矣，皇上無權可勝慨哉！

10.皇上至是時亦知守舊大臣與己不兩立，有不顧利害、誓死以殉社稷之意，於是益放手辦事，乃特擢楊銳、林旭、劉光第、譚嗣同四人參預新政。……自是凡有章奏，皆經四人閱覽；凡有上諭，皆由四人擬稿。軍機大臣側目而視矣。[2]

由梁啓超的記載中，我們可以看出戊戌變法時期，主張改革的光緒皇帝和變法派官員，與奉慈禧太后爲領袖的守舊派官員之間，對立衝突甚爲激烈；而戊戌政變的爆發，就是守舊、變法兩派衝突的最後結果。又如費行簡《慈禧傳信錄》一書亦謂：

時榮祿唯以私恨嫉帝與康、梁，而變法當否，非所厝意。剛毅則疼心疾首於新政，必盡罷之始快，力爲后言之。然如復八股文、弓矢等，后初尚不納其請，嗣知有爲等爲外人所庇，而洋報譏已尤切，於是遷怒新政，以爲中夏不應反師蠻貊，凡七月前所更法制，舉復其舊。[3]

費行簡的說法，也強調守舊派官員榮祿、剛毅等人反對新政，是慈禧太后發動戊戌政變的主要原因。不過，費行簡指出當時康有爲「爲外人所庇」，但是卻語焉不詳，沒有明確說明當時康有爲與「外人」有何關聯，這是該書不足之處。

無論如何，戊戌政變肇因於守舊派與維新派的衝突，幾乎已成爲中外史家之定論。例如錢穆先生在《國史大綱》一書中，認爲戊戌變法失敗的原因，在於光緒皇帝是個性軟弱、富傷感而無經驗閱歷之青年，不足當旋乾轉坤的重任；且用康有爲此一無名義無權位的不相干人，來指揮操縱全部政治的徹底改造，其事自不可能；而變法之政令太驟，主張速變全變，而無一個按部就班切實推行的條理與方案；再加上政治上舊勢力尚相當濃厚，足以阻礙革新運動的進展，滿州親貴與一輩舊官僚，依附於慈禧太后之下，將皇帝之革新事業，全部推翻。[4]李劍農先生在《中國近百年政治史》中認爲，戊戌變法失敗的原因有三層：一爲慈禧太后不肯放棄權勢，二爲康有爲的維新學說褻瀆了儒家聖典，觸犯了一大部分經生文人的眾怒，三是變法的進行，打破了許多人的固定飯碗和得飯碗的機會。[5]湯志鈞先生在〈戊戌變法時清朝統治階層內部各派系的分析〉一文中則說道：「頑固派與洋務派之間雖有矛盾，但是反對眞正改革則是一致，當他們看到新政頒行，影響到自己的利益時，於是結合起來，共同破壞維新運動。」又說：「帝、后兩黨之間的衝突，也就日益尖銳了。但帝黨只有起草上諭權，而后黨則有軍政實權。頑固派和洋務派在與帝、后兩黨衝突過程中已經相互結合，他們又掌握著實際權柄；而帝黨與維新派的結合基礎原不鞏固，又無實權。因此，在衝突過程上，帝黨雖曾似獲優勢，但后黨正在從容布置，待機而動，帝黨來不及準備，變法失敗。」[6]美國歷史學者費正清（John K. Fairbank）等人編寫的《劍橋中國史‧晚清篇》也說道：「百日維新使朝廷中分裂成兩個不相融的派系，皇帝與一小群急進的年輕改革者是一派，皇太后和整個政府官員爲另外一派。」[7]余英時在〈戊戌政變今讀〉一文中則認爲：戊戌變法失敗最根本的原因則是國家利益和王朝利益之間的衝突，在守舊派眼中，變法即使有利於中國也不利於清王朝的統治，這是戊戌變法失敗的總關鍵；戊戌變法的一個最直接的後果便是滿族統治集團忽然警覺到，無論變法會給中國帶來多大的好處，都不能爲此付出滿族喪失政權的巨大代價，不能爲了變法讓政權流散於被統治的漢人之手，開國會、立憲法則必然導致滿人不再能控制政權，他們享受了兩百多年的特權和既得利益便將從此一去不復返了。[8]守舊派與變法派的衝突導致了戊戌政變的發生，似乎已成爲我們解釋戊戌政變的主要觀點。

然而，戊戌政變的原因果眞是如此嗎？根據梁啓超《戊戌政變記》引述宦官寇連材之言：

> 西后（慈禧太后）待皇上，無不疾聲厲色，少年時每日訶斥之聲不絕，稍不如意，常加鞭撻，或罰令長跪，故積威既久，皇上見西后，如對獅虎，戰戰兢兢，因此膽爲之破，至今每聞鑼鼓之聲，或聞吆喝之聲，或聞雷輒變色云。皇上每日必至西后前跪而請安，惟西后與皇上接談甚眇，不命之起，則不敢起。[9]

按梁啓超所言，光緒皇帝非常畏懼慈禧太后，不敢違逆慈禧太后之意。如果慈禧太后反對變法，認爲變法是破壞祖宗家法的悖逆之舉，只要把光緒皇帝叫來申斥一番，變法就立即結束了，何必讓光緒皇帝「胡鬧」一百零三天，容忍光緒皇帝拿國家大事、祖宗家法當兒戲呢？此外，慈禧太后曾主導自強運動，推行洋務（見本書第三章第二節），對於變法維新，眞的難以接受嗎？

慈禧太后果眞反對變法嗎？這是值得我們仔細思考的問題。

二

關於戊戌政變的另一種解釋，則是「袁世凱告密」之說，這是從具體的個人與事件進行分析，屬於較爲微觀的歷史解釋。據費行簡《慈禧傳信錄》一書記載：

（康有爲）聞（譚）嗣同言，奮然曰：「與其逐（榮）祿，曷若禁后，吾保國會會友袁世凱，方治兵小站，是人敏銳敢任事，可引其以兵守頤和園，然後諫后勿干外政。」啓超及其弟廣仁偕發小站說世凱，世凱陽諾之，而私念董福祥、宋慶等皆擁重兵駐畿甸，苟妄舉必受夾攻，而有爲等書生不足共謀，遂至津告密於祿，謂奉帝手詔，令錮后殺祿。祿大驚曰：「子意云何？」世凱曰：「特以告公者，欲破奸謀，衛慈聖耳。」祿感極，即囑世凱守津，而自乘火車微服入京，奔頤和園告變。[10]

根據費行簡的說法，梁啓超與康廣仁赴小站遊說袁世凱，而慈禧太后發動政變的原因，係由於袁世凱向榮祿告密，榮祿夜奔頤和園告變所致。不過，費行簡的說法錯誤之處甚多，根據梁啓超《戊戌政變記》的記載：

（八月）初三日夕，君（譚嗣同）徑造袁所寓之法華寺，直詰袁曰：「君謂皇上何如人也？」袁曰：「曠代之聖主也。」君曰：「天津閱兵之陰謀，君知之乎？」袁曰：「然，固有所聞。」故乃直出密詔示之曰：「今日可以救我聖主者，惟在足下，足下欲救則救之。」又以手自撫其頸曰：「苟不欲救，請至頤和園首僕，而殺僕可以得富貴也。」袁正色厲聲曰：「君以袁某爲何如人哉？聖主乃吾輩所共事之主，僕與足下同受非常之遇，救護之責，非獨足下，若有所教僕，固願聞也。」君曰：「榮祿密謀，全在天津閱兵之舉，足下與董（福祥）、聶（士成）三軍，皆受榮所節制，將挾兵力以行大事。雖然，董、聶不足道也，天下健者惟有足下，若變起，足下以一軍敵彼二軍，保護聖主，復大權，清君側，肅宮廷，指揮若定，不世之業也。」袁曰：「若皇上於閱兵時疾馳入僕營，傳號令以誅奸賊，則僕必能從諸君子之後，竭死力以補救。」……君乃曰：「榮祿固操莽之才，絕世之雄，待之恐不易易。」袁怒目視曰：「若皇上在僕營，則誅榮祿如殺一狗耳。」因相與言救上之條理甚詳。[11]

梁啓超的記載與費行簡不同，遊說袁世凱的人是譚嗣同，而非梁啓超與康廣仁；且遊說的地點不在小站，而是在北京的法華寺；譚嗣同要求袁世凱做的事，爲誅殺直隸總督榮祿，未及其他。然而，袁世凱本身的說法，又有不同，袁世凱〈戊戌日記〉記載：

（八月初三夜）正在內室秉燭擬疏稿，忽聞外室有人聲，閽人持名片來，稱有譚軍機大人有要公來見，不候傳請，已下車至客堂。急索片視，乃譚嗣同也。余知其爲新貴近臣，突如夜訪，或有應商事件，停筆出迎。渠便服稱賀，謂有密語，請入內室，屏去僕丁，心甚訝之，延入內室，敘寒暄，各伸久仰見晚周旋等語。……譚云：「外侮不足憂，大可憂者內患耳。」急詢其故，乃云：「公受此破格特恩，必將有以圖報，上方有大難，非公莫能救。」予聞失色，謂：「予世受國恩，本應力圖報稱，況己身又受不次之賞，敢不肝腦塗地，圖報天恩？但不知難在何處？」譚云：「榮某近日獻策，將廢立弒君，公知之否？」予答以在津時常與榮相晤談，察其詞意，頗有忠義，毫無此項意思，必係謠言，斷不足信。……（譚嗣同）因出一草稿，如名片式，內開：「榮某謀廢立弒君，大逆不道，若不速除，上位不能保，即性命亦不能保。袁世凱初五請訓，請面付硃諭一道，令其帶本部兵赴津，見榮某，出硃諭宣讀，立即正法。即以袁某代爲直督，傳諭僚屬，張掛告示，布告榮某大逆罪狀，即封禁電局鐵路，迅速載袁某部兵入京，派一半圍頤和園，一半守宮，大事可定。如不聽臣策，即死在上前」各等語。予聞之魂飛天外，因詰以：「圍頤和園欲何爲？」譚云：「不除此老朽，國不能保，此事在我，公不必問。……我僱有好漢數十人，並電湖南招集好將多人，不日可到，去此老朽在我而已，無須用公。但要公以二事，誅榮某，圍頤和園耳。」【12】

按袁世凱所記，譚嗣同要求袁世凱做的事，除了殺榮祿之外，還要袁世凱率兵包圍頤和園，譚嗣同並說自己僱有「好漢、好將」數十人，可進入頤和園「去此老朽」，刺殺慈禧太后，這是袁世凱所記與梁啓超《戊戌政變記》所述的最大差別。譚嗣同遊說袁世凱之後，袁世凱又說道：

初五日請訓，……請安，退下，即赴車站，候達佑文觀察同行。抵津，日已落，即詣院謁榮相，略述內情，並稱皇上聖孝，實無他意，但有群小結黨煽惑，謀危宗社，罪實在下，必須保全皇上以安天下。【13】

袁世凱自己承認，初五日傍晚回天津之後，向榮祿告密，「略述內情」，導致戊戌政變發生。因此，後世許多史家乃至民間通俗歷史作品與戲劇，都將袁世凱描繪爲「賣主求榮」的卑鄙小人。

後世學者對於譚嗣同遊說袁世凱，是否包括「兵圍頤和園，殺害慈禧太后」之事，頗多爭論，然而中國大陸學者楊天石〈康有爲謀圍頤和園捕殺西太后確證〉、湯志鈞〈關於戊戌變法的一項重要史料——畢永年的《詭謀直紀》〉兩文，引用譚嗣同友人畢永年《詭謀直紀》的記載，確認了「圍園弒后」計畫的存在。【14】

然而，「袁世凱告密導致政變」的說法也値得商榷。根據當時的時間來研判，擔任直隸按察使並且在小站練兵的袁世凱，是在光緒二十四年七月二十九日（陽曆九月十四日）奉召入京，並在八月初一（九月十六日）、初二（九月十七日）兩度接受光緒皇帝召見。初三（九月十八日）夜，軍機章京譚嗣同密訪袁世凱，說以誅殺直隸總督榮祿、兵圍頤和園等事。初五（九月二十日），光緒皇帝三度召見袁世凱，袁世凱隨後離京返回天津。袁世凱向直隸總督告密的時間，最快也當在八月初五的晚間之後，而八月初六（九月二十一日），慈禧太后即發動政變矣。榮祿如何在一夕之間，將此機密大事報告慈禧太后？慈禧太后又如何能在一夕之間布置妥當？因此，時間的過於緊迫，實爲許多史家質疑戊戌政變起因於袁世凱告密這一說法的主要理由。[15]

由時間上來看，慈禧太后在政變前二天，即八月初四（九月十九日），即由頤和園返回紫禁城。因此，初四、初五兩天，應該就是慈禧太后的準備布置時期。如此說來，慈禧太后決心干預變法，甚至不惜發動政變的時間，最遲不會晚於八月初三。而八月初三晚上，譚嗣同才向袁世凱說以殺榮祿等事。可見慈禧決心發動政變的原因，不是袁世凱的告密，應該別有因由，促使慈禧發動政變，結束變法改革運動。

另外，游說袁世凱「殺榮祿、兵圍頤和園」的譚嗣同，是於政變後三日（即八月初九）才遭逮捕。八月初九，慈禧太后以光緒的名義發布上諭：「張蔭桓、徐致靖、楊深秀、楊銳、林旭、譚嗣同、劉光第，均著先行革職，交步軍統領衙門，拏解刑部治罪。」[16]若袁世凱告發譚嗣同「圍園弒后」的計畫，是慈禧太后發動政變的原因，則慈禧太后首先要逮捕之人，便是譚嗣同。慈禧爲何要等到政變三日後的八月初九，才下令逮捕譚嗣同？袁世凱告密果眞是戊戌政變發生的原因嗎？袁世凱告密導致政變之說，此又爲一可疑之處。

自從光緒皇帝在光緒二十四年四月二十三日（陽曆六月十一日）下詔「更新國是」以來，也許慈禧太后對激進的改革措施有所不滿，慈禧太后也將親信榮祿調任爲直隸總督，掌控了北洋的兵權，但是慈禧太后對於變法改革，大體上仍然保持旁觀、不干涉的態度，在頤和園頤養天年，放手讓光緒皇帝進行改革。「守舊派反撲」之說，只是變法失敗後變法派官員及同情變法者的單方面回憶；慈禧太后是否與守舊派官員串連發動政變，缺乏第一手史料的證明。至於「袁世凱告密導致政變」說，也已被前人研究所否定。那麼，究竟是什麼原因，促使慈禧決定發動政變？

三

筆者認爲，慈禧太后之所以發動戊戌政變，其原因不單是由於守舊派與改革派的衝突而已，慈禧太后若反對變法改革，大可在變法之初就加以制止，不必讓光緒皇帝與康有爲等人「胡鬧」了一百多天；而「袁世凱告密」的說法也已被學者質疑與推翻，如此一來，一定有更重要的理由，才使得慈禧太后不得不發動政變，讓變法維新運動以流血收場。

本書之寫作，主要在提出另一種新論點，來解釋戊戌政變發生的原因。筆者以爲，政變之所以發生，和當時康有爲等變法派官員正在推動的「借才」、「合邦」等計畫有相當大的關聯。這些計畫如果付諸實施，中國將可能被英、美、日本等國所瓜分，慈禧太后是在了解到事態嚴重、局勢危急的情況之下，才當機立斷發動政變，來阻止「借才」、「合邦」的計畫。此一說法，看似聳人聽聞，其實前輩史家學者早已言及。郭廷以《近代中國史綱》一書中說道：

八月初，有人奏請「借才」、「聯邦」，聘東西各國名士，畀以內政實權，特別指名伊藤（博文）。如與日本聯合，可長保太平之局，「即合爲一國，亦不爲怪。」九月中旬，李提摩太、伊藤博文接踵到京，又有人請光緒召見，宣示中、日和睦之誼，甚至用爲中國宰相，因之盛傳伊藤將任軍機大臣或顧問大臣，舊黨益爲惶悚。

譚嗣同遊說袁世凱的同一天，康有爲乞助於李提摩太，李再提出他的聯邦主張，中、日、美、英合而爲一。接著楊深秀奏請趁伊藤在京，早定大計，團結英、美、日，實行合邦。御史宋伯魯奏請派李鴻章、康有爲與李提摩太、伊藤商酌辦法。[17]

郭廷以先生已經指出，在戊戌政變前幾天，變法派官員如康有爲、楊深秀、宋伯魯等人，正在推行「借才」，甚至「中美英日合邦」的計畫。不過，郭廷以先生並未進一步說明這些計畫的詳細內容及其可能產生的影響。此外，郭廷以先生在論及政變的導火線時，則說：

> 據袁（世凱）自言，他於九月二十日下午返抵天津，僅向榮祿略述內情，並說皇上聖孝，實無他意，但有群小結黨煽惑，謀危宗社，罪實在下。「第二天即政變之日，始對榮祿備述詳細情形。」即使如此，二十日下午所談，已足令榮祿明白一切。京津相去一百四十里，當晚榮祿定必將消息報告慈禧。政變如箭在弦，絕不能免，以袁之機警，自知何去何從，袁的兵力不過七千人，京津一帶駐軍不下數萬

人，北京、天津皆榮祿掌握，不要說袁部難以開往北京，縱使於天津閱兵之際，採取行動，亦無攝服他的勝算。何況慈禧的威嚴猶在，中樞及地方要津幾盡爲舊黨所據，毫無權力的光緒與僅放言高論的康有爲輩，如何能和他們對抗。袁爲自身利害，不僅不聽從新黨之議，冒此大險，且欲向對方建功。慈禧之所以於光緒第三次見袁及會晤伊藤後的次日實行政變，可能是顧慮萬一袁果有舉動，日、英果有表示，將不易應付，遂當機立斷。[18]

郭廷以先生的結論仍然與費行簡《慈禧傳信錄》、袁世凱〈戊戌日記〉的說法相近，認爲政變的原因是「袁世凱告密」所致。

黃彰健〈論戊戌政變的爆發非由袁世凱告密〉一文，指出榮祿在接到袁世凱的告密之後，在八月初七日（政變第二天）派人乘專車至北京，初八日上摺，慈禧應該在此時才知道袁世凱告密的內容。因此，戊戌政變的爆發並非由於袁之告密，袁的告密僅揭發康黨陰謀，使康黨牽連被捕。而慈禧亦是在八月初八之後才陸續下令逮捕張蔭桓、徐致靖、楊深秀、楊銳、林旭、譚嗣同、劉光第等人。黃彰健先生證實了戊戌政變的爆發並非由於袁世凱的告密，但是政變的原因卻未明言。在這篇文章之中，黃彰健先生也指出政變之前，六月（陰曆）時有洪汝沖建議合邦借才，八月初則有宗人府主事陳懋鼎、軍機章京外放松江府知府濮子潼等人，建議光緒皇帝聘請伊藤博文爲顧問，八月初五楊深秀建議中英美日合邦，八月初六宋伯魯再度建議中英美日合邦之事。黃彰健先生並引用王先謙批評康有爲「借兵外臣，倚重鄰敵，以危宗社，又兼崔胤、張邦昌而有之」之語，認爲王先謙的說法不能算錯。[19]黃彰健先生顯然已經注意到當時康有爲等人正在推動「借才」、「合邦」計畫，只不過，黃彰健先生並沒有將變法派「借才」、「合邦」的計畫與戊戌政變的發生聯繫起來，做出更進一步的解釋，這是十分可惜的。

此外，沈靜如先生在〈戊戌變法與日本〉一文中，提到日本前首相伊藤博文抵達中國之後，宗人府主事陳懋鼎主張「宣中日和睦之誼，詢彼國變革之序」，更有貴州舉人傅夔主張用伊藤爲中國宰相。[20]孔祥吉先生在〈宋伯魯與戊戌變法〉一文中，則指出宋伯魯「相信傳教士李提摩太的鬼話，搞什麼『四國合邦』，無疑是十分錯誤的。」[21]不過孔祥吉隨後又說：「如果因爲宋伯魯在對帝國主義的認識上有這些錯誤，而否定其在變法中的積極作用，那是不妥當的。」[22]孔祥吉先生對於宋伯魯的評價，似乎是正面多於負面，並且也低估了宋伯魯「這些錯誤」的嚴重性。可見沈靜如先生、孔祥吉先生都已經注意到當時變法派正在推行的「借才」、「合邦」計畫，但是也沒有將它和政變聯繫起來。

除了學術界的研究之外，中國大陸作家張建偉先生在他的歷史小說《溫故戊戌年》一書中，根據黃彰健先生〈論戊戌政變的爆發非由袁世凱告密〉一文，指出了由康有爲所主導，並且由洪汝沖、楊深秀、宋伯魯等人陸續上奏的「借才」、「合邦」計畫。張建偉先生說道：

> 九月二十一日（政變當日）御史宋伯魯將康有爲的「合邦計畫」，全盤托出。……（宋伯魯）語言說得迫切，形勢說得危急，一把辛酸淚，滿紙愛國情。只是，深藏幕後，鼓動「合邦」的李提摩太正偷

偷地微笑呢！原來，李提摩太所謂「合邦」的眞正含義是：「將實際上在一定年限之內把中國的全部行政管理移交給英國，並且使英國獨享改組和控制陸海軍備機構、修築鐵路、開發礦山的權利，而且還加開幾個新的口岸，與英通商。」原來，那是一個赤裸裸併吞中國的陰謀。在這個陰謀面前，康有爲先生顯得太愚蠢，他上當了。【23】

張建偉先生與孔祥吉相同，也認爲「合邦」是李提摩太的陰謀，不過張建偉認爲李提摩太的「合邦」計畫，是要由英國來控制中國，把中國變成英國的保護國。

對於政變的發生，張建偉先生則說：

原定九月二十一日（政變當日）才回宮的慈禧太后，聽說光緒將在二十日（政變前一日）接見伊藤博文，突然改變計畫，十九日（政變前二日）便趕回紫禁城，她要監視皇上與日本前首相第二天的會見，她已經決定猝下殺手了。如此風雲突變，沒有「合邦」的背景——「伊藤到京，將專政柄」，「引用東人，貽誤宗社」——政變是不可能發生的。【24】

張建偉先生在此處，將「借才」、「合邦」混爲一談。「伊藤到京，將專政柄，引用東人，貽誤宗社」，指的是重用日本前首相伊藤博文的「借才」計畫，而非「合邦」。張建偉認爲慈禧太后是因爲光緒與伊藤博文見面，便決定猝下殺手，則戊戌政變的發生，與前述宋伯魯提議、李提摩太策劃的「合邦」計畫沒有直接關係了。而且，張建偉先生對此一看法也並未堅持：「或許，正像袁世凱告密而導致政變一樣，光緒皇帝接見伊藤博文而觸發政變的說法，也只能存疑。眞正的政變導火線，也許在慈禧太后的心中一閃，就成了發動政變的誘因。」[25]張建偉先生注意到了戊戌變法時期的「借才」、「合邦」計畫，這一點對於一個「業餘」的歷史家（或者應該說是歷史小說家）而言，已是難能可貴的。但張建偉認爲戊戌政變只與重用伊藤的「借才」計畫有關，仍然未將當時的「合邦」計畫與政變的發生聯繫起來。

由上可見，研究戊戌變法的專家學者，並不是沒有注意到當時康有爲等人所「借才」、「合邦」計畫，但是卻始終未能踏出關鍵的一步，將這些計畫與戊戌政變的發生連結起來，得到突破性的新解釋。（張建偉僅將「借才」與戊戌政變相連結，且未堅持此說。）

爲什麼沒有突破？

筆者認爲，無法突破的根本原因，在於一旦將戊戌政變的發生與「借才」、「合邦」聯繫起來，不啻將發動政變阻止「借才」、「合邦」陰謀的慈禧太后，視爲挽救國家危局的民族英雄。這種慈禧太后的正面形象，完全顚覆了以往的歷史觀。而以往視爲改革、進步的康有爲等人，則成爲被外國列強利用的棋子，成爲民族之罪人。這種善惡是非與以往歷史觀完全相反的評價，是使得許多研究者裹足不前、不敢突破的關鍵。

本書的寫作，即在於打破既有善惡二分法的成見，立足於前人的研究成果之上，將焦點放在戊戌變法時期的「借才」、「合邦」計畫，並明確指出這些計畫與戊戌政變的發生，有著直接的關連。慈禧太后是在得知「借才」、「合邦」的計畫後，深覺光緒皇帝與變法派官員們已落入外人的圈套，國家社稷將有傾覆之虞，才當機立斷發動政變。希望透過本書的介紹，可以讓我們對戊戌變法時期的政治、外交、人物評價等方面，得到更新、更清楚的認識。

四

本書除第一章「序論」與第五章「結論」之外，其他章節編排如下：

第二章「朝鮮問題與中日甲午戰爭」，本章將敘述甲午戰爭導火線：朝鮮問題，甲午戰爭之經過與馬關條約的簽訂，以及朝野對戰敗的反應。本章看似與戊戌政變無關，但是戊戌政變時期的關鍵人物之一袁世凱，卻是在此一時期發跡，袁世凱早年在朝鮮的經驗，對於戊戌政變時期的作爲有相當密切而直接的關係。此外，甲午戰爭的失敗，也開啓了士大夫們變法改制，甚至學習日本的呼聲。因此了解此一時期的歷史背景，有助於我們更清楚的理解戊戌政變這一事件。

第三章「百日維新」，本章將討論康有爲與譚嗣同二人的思想。康有爲與譚嗣同，爲當時變法派官員中最具思想性者。康有爲被翁同龢稱爲「說經家之野狐」；而譚嗣同則撰有《仁學》一書。探討此二人之思想，可以讓我們了解爲什麼這些知識份子會受到外人「借才」、「合邦」之說的遊說，而幾乎讓中國被外國兼併。此外，本章還要介紹光緒皇帝與慈禧太后兩人的背景與性格。最後討論「百日維新」時期新政的推展與阻礙。

第四章「戊戌政變」，本章介紹百日維新的後期出現的「借才」與「合邦」之議，以及政變前後的詳細情形。並將此次政變與一九一〇年韓國所實行的「合邦」相比較，來討論政變的得與失。

筆者希望透過這些章節的介紹，可以讓我們對戊戌政變發生的原因、經過與影響，以及當時中國在國際外交上所面對的處境，得到更清晰的認識。也希望讀者們在讀完此書之後，可以接受筆者的理論與說法，跳脫傳統的「變法派」與「守舊派」二分法的分類方式，從不同的角度來重新認識戊戌變法時期的人物。

第二章　朝鮮問題與中日甲午戰爭

要討論戊戌變法與戊戌政變，應當先了解當時的時代背景。不過，時代背景應該追溯到什麼時間，則見仁見智，可以有各種不同的說法。近則可以追溯到甲午戰爭、馬關條約對中國的影響；遠則可以追溯到鴉片戰爭以來，中國所面臨的「數千年未有之變局」。本書則擬從甲午戰爭的導火線——「朝鮮問題」，作爲本書討論的起點。

本書之所以選擇「朝鮮問題」作爲討論的起點，一方面是由於朝鮮問題所引發的中日甲午戰爭，結果中國戰敗，簽訂了喪權辱國的馬關條約，是維新變法運動興起的主要原因。另一方面，日本爲了增加在朝鮮的影響力，在光緒十年（一八八四）策動朝鮮親日派（開化黨）發動的「甲申之變」，其過程可以和十四年後的戊戌政變相比較，透過甲申之變與戊戌政變的比較，我們可以發現，兩者之間有許多相似之處。此外，敉平甲申之變、其後並代表清朝總理朝鮮交涉通商事宜的袁世凱，也是戊戌政變的關鍵人物之一。由於這三點原因，本書將從「朝鮮問題」開始，作爲探討戊戌政變的起點。

一、戰爭導火線：朝鮮問題

㈠十九世紀後期的朝鮮

朝鮮問題之所以成爲甲午戰爭的導火線，其原因在於日本的崛起，及其企圖染指朝鮮的野心。一八六七年（清同治六年），日本孝明天皇去世，皇子睦仁即位，次年（清同治七年，一八六八），改元「明治」。明治天皇即位之初，即頒布〈五條御誓文〉：

1. 廣興會議，萬機決於公論。
2. 上下一心，共展經綸。
3. 文武同心，下及庶民，務使各遂其志，以使人心不倦。
4. 破除舊有的陋習，一切立基於天地間的公道。
5. 廣求知識於世界，大振皇基。[1]

從此，日本正式進入了「明治維新」的現代化改革時代。

十九世紀後半期中國與日本在外交上的正式接觸，始於同治十年（一八七一）九月所簽訂的「中日修好條規」。當時中日雙方平等相待，李鴻章甚至有「聯日制俄」的構想。[2]不過，日本在明治維新之後，逐漸展露其對外擴張其領土與勢力範圍的野心，同治十三年（一八七四），日本以琉球宮古、八重山漁民被台灣「蕃人」殺害爲藉口，命西鄉從道率軍三千六百餘人，入侵台灣南部，並派遣參議內務卿大久保利通至北京與清廷交涉。在英國駐華公使威妥瑪（Thomas F. Wade）的調停之下，中日兩國於同年十月簽訂「北京專約」，清廷承認日本的行動爲「保民義舉」，日本由台灣撤兵，清廷給予賠償與撫卹費白銀十萬兩，修築費白銀四十萬兩。日本與清廷的交涉中，取得清廷承認日本「保民義舉」的證詞，無異表示清廷放棄了對琉球的宗主權。[3]

光緒五年（一八七九），日本正式兼併琉球，改設沖繩縣，中國方面感受到了日本的野心，恭親王奕訢認爲：「日本恃其奸詐，雄視東隅，前歲台灣之役，未受懲創；今年琉球之廢，益張氣燄。臣等以事勢測之，將來必有逞志朝鮮之一日，即西洋各國亦必有群起謀朝鮮之一日。」[4]朝鮮對於清朝而言，其重要性遠過於越南、緬甸、琉球等藩屬國，一方面因爲朝鮮在清朝入關以前，已經臣屬於清朝；另一方面朝鮮更是屏蔽北京與中國東北的前哨，具有甚高的戰略價值。因此，清朝對於朝鮮的控制日趨積極，希望維持清朝與朝鮮宗藩關係的現狀。

日本明治維新之後的對外擴張，除了併呑琉球之外，對朝鮮也有一些舉動。當時的朝鮮，仍採鎖國政策，對西方新事物幾無接觸。清同治二年（一八六三），朝鮮哲宗去世，由宗室李昰應之子李熙即位，是爲高宗。高宗即位時年僅十二歲，乃由其生父大院君李昰應攝政。大院君攝政期間，對西洋各國更採取排斥態度，在同治五年（一八六六）與同治十年（一八七一）兩度拒退法國與美國的軍艦入侵之後（朝鮮稱為「丙寅洋擾」與「辛未洋擾」），大院君更為得意忘形，認為洋人不足畏，遂在全國各地設立「斥和碑」，碑上有「洋夷來犯，非戰則和，主和賣國」等語。不過大院君專政日久，民怨漸增，同時高宗也已成年，期盼親攬國政，乃策動儒臣崔益鉉等人，上書彈劾大院君。大院君自知時勢不利，乃棄權下野。從此，朝鮮之政治大權轉而掌握於王妃閔氏的手中。[5]

光緒元年（一八七五），日本派遣測量船雲揚號出沒於朝鮮江華島附近，被朝鮮守軍開砲驅離。次年（光緒二年，一八七六）日本派遣黑田清隆為全權大臣，井上馨為副使，前來向朝鮮責問雲揚號砲擊事件，並要求簽訂修好條約。高宗李熙派遣申櫶與日使談判，最後朝鮮與日本簽訂「江華條約」。「江華條約」的第一條即有「朝鮮國為自主之邦」之語，意在否定中國的宗主權。[6]清朝方面，面對日本對朝鮮的野心，前福建巡撫丁日昌、英國駐華公使威妥瑪等人紛紛建議讓朝鮮與西洋各國訂約交通，以制衡日本。[7]光緒五年，李鴻章致書朝鮮領議政（首相）李裕元，勸朝鮮與各國立約。[8]光緒七年（一八八一），朝鮮政府的態度亦日趨開明，派遣洪英植、朴定陽、魚允中、趙準水、趙秉稷、沈相學等十數人，組成「紳士遊覽團」赴日本考察；又以金允植為「領選使」，率六十九人的學生團赴中國天津考察。朝鮮政府並仿照清朝的軍機處，設置「統理機務衙門」。此外，朝鮮又設立「別技軍」，聘請日本教官堀本禮造，施以新式訓練；另選拔「兩班」貴族子弟一百餘人，名為「士官生徒」，施以日本式的軍事訓練。[9]光緒八年（一八八二）四月，朝鮮首先與美國訂約，建立外交關係，不過美國並不承認中國對朝鮮的宗主權。[10]此後，朝鮮開始陸續與歐洲各國立約建交。

光緒八年六月，正當朝鮮與美國訂約建交的二個月後，朝鮮發生了「壬午軍亂」。當時王妃閔氏掌權，重用外戚家族，政治腐敗，朝鮮軍隊積欠兵餉情況嚴重，引起兵士的不滿，閔妃之從弟宣惠廳堂上閔謙鎬大舉鎮壓抗議者，更引起公憤，觸發大規模暴動。前攝政的大院君李昰應利用軍人不滿欠餉的情緒，鼓動群眾攻擊諸閔權戚宅邸，殺死當權的領議政興寅君李最應（爲大院君李昰應之弟，但與大院君不睦），並進犯皇宮昌德宮，殺死外戚閔謙鎬等人，閔妃在親信洪在羲（又名洪啓薰）的幫助之下，喬裝逃出宮外。[11]

原本「壬午軍亂」只是朝鮮的一場內亂，與中、日兩國皆無直接的關係。然而，極端排外的大院君，不滿閔妃以往的開放政策，唆使叛軍襲擊日本公使館，日本教官堀本禮造被殺，日本公使花房義質也被迫逃往仁川，搭船返回日本。此一事件，給予日本出兵朝鮮的最好藉口，日本因此決定趁機派兵赴朝鮮問罪。清朝方面恐日本「借事居功問罪，得肆要挾之謀」，也派遣北洋水師記名提督丁汝昌、道員馬建忠趕赴朝鮮了解情況，又命駐紮登州幫辦山東防務的廣東水師提督吳長慶，率領陸軍六營至朝鮮平亂。吳長慶率領之軍隊進入朝鮮之後，迅速敉平變亂，先誘捕大院君遣送中國，再出兵鎮壓叛軍，並將閔妃迎回宮中，使之重新掌握政權。[12]清廷此次處理壬午軍亂，在日本藉機出兵之前，先派兵赴韓平亂，逮捕首謀之大院君，使得日本人失去出兵伐罪的藉口，只能中止出兵的計畫。不過，日本又藉口日人在政變中被殺，逼迫朝鮮簽訂「濟物浦條約」，使日本得以駐兵保護使館。[13]

壬午軍亂之後，清朝方面除了命令吳長慶的部隊繼續留駐朝鮮之外，又命袁世凱負責編練朝鮮軍隊，成立「新建親軍營」與「鎮撫營」。新建親軍營分爲左、右兩營，每營五百人，其下分五哨，每哨百人，各哨設哨官一人。用淮軍操法進行訓練，每營另有朝鮮官員一人爲監督，左營爲李祖淵，右營爲尹泰駿。鎮撫營設於江華島，編制一如親軍營，下分五哨，用英國、德國操法進行訓練。清朝方面透過編練韓軍，加強對朝鮮的控制。[14]此時朝鮮當權的閔妃一派，因清朝救亡扶危之恩，亦抱有強烈的「事大」、「親華」之態度。

㈡甲申之變

壬午軍亂之後，雖然當權的閔妃一派採取「事大」、「親華」的政策，但是朝鮮政府之中卻有另一股新興的政治勢力崛起，亦即所謂的「開化黨」。開化黨的代表人物爲金玉均、朴泳孝、洪英植、徐光範、徐載弼等人，開化黨人在日本的鼓勵之下，提出「獨立」、「開化」等口號，追求朝鮮脫離中國而獨立自主，並企圖推翻親華的事大黨政府，建立親日政權。當時在朝鮮之中，以閔妃爲首的「事大黨」，與金玉均、洪英植、朴泳孝等人爲中心的「開化黨」，兩派已隱然形成對峙相爭之勢。

光緒十年（一八八四），歲次甲申，由於中法戰爭的影響，清朝將部分駐韓清軍調離朝鮮。此時，日本駐朝鮮公使竹添進一郎以「拒斥清國，鞏固獨立之權」等口號勸誘金玉均等人，金玉均將此事密告於高宗李熙，高宗李熙則將此事與外戚權臣閔台鎬、閔泳穆等密議，結果閔台鎬等人皆不贊成此事。同時，與金玉均等人關係甚爲親密的外戚閔泳翊，也依違不定。「斥清」的計畫逐漸外洩，袁世凱等人偵知其事，對朝鮮官員亦「恕有威嚇恐喝之態」。閔台鎬、閔泳穆、趙寧夏等元老大臣爲安撫清朝官員，便計畫將金玉均等人除去。閔台鎬、閔泳穆打算以金玉均「爲捕鯨使時，潛賣鬱陵島森林之事」爲罪名將金玉均入罪。金玉均聞之大懼，與朴泳孝等密謀，決定發動政變。[15]

十月十七日（陽曆十二月四日）午後，負責保護日本使館的日軍一個中隊（約一百三十餘人），自駐紮地泥峴出發，搬運大砲與彈藥，進駐日本公使館。是日夜，郵政局摠辦洪英植舉辦郵政局開幕宴會，邀請各國公使、朝鮮貴紳與會（右營使閔泳翊亦在會中），惟日本公使竹添進一郎稱疾不來。晚間八點鐘，金玉均使人於郵政局附近縱火，閔泳翊爲救火先起，纔出門外，便遭刺客五人揮劍迎擊，泳翊受重傷，被德國人穆麟德送回家中。此時金玉均、朴泳孝、徐光範等人逕赴皇宮昌德宮，向高宗誑稱：「清兵作亂，殺閔泳翊，火光滿城，屠戮城中，搶劫森列，勢將犯闕。請急移御避之，并請召日使入衛。」並逼迫高宗與皇室成員移駕至昌德宮西的景祐宮。金玉均等人又請高宗召日本公使，「上不許，玉均、光範等探出懷中洋紙與鉛筆，書『日使來衛』四字，並無印信爲據，即稱上命，使邊燧飛送于日本公使館。」[16]高宗尚未至景祐宮，日本兵已布滿景祐宮之門廊，隨後日本兵「排門突入，把守各門」，迎接高宗等人的抵達。

高宗抵景祐宮之後，竹添進一郎與金玉均等人「派日本兵圍繞宮門，居中制命，禁止他人出入，水洩不通，使邊燧、尹致昊守宮門」，控制了高宗的行動。金玉均等人又矯詔召議政府贊成閔台鎬、知中樞府事趙寧夏、海防營總管閔泳穆、左營使李祖淵、前營使韓圭稷、後營使尹泰駿等六人至景祐宮，此六人皆爲事大黨，一入景祐宮，便被開化黨與日軍控制。

十八日（陽曆十二月五日）清晨，李祖淵、尹泰駿、韓圭稷等人見情況有異，密謀通知清軍。金玉均等人遂下令將李祖淵、尹泰駿、韓圭稷、閔泳穆、閔台鎬、趙寧夏等六人陸續殺害。是日午刻，開化黨人公布新的人事：洪英植爲右議政，朴泳孝爲前營兼後營使，金玉均爲戶曹參判兼宣惠堂上，徐光範爲左營使兼右營使、協辦交涉通商事務，徐載弼爲前營正領官。洪英植並制訂公布了「國政改革案」，強調擴大國權，與各國對等交際，斷絕與清朝的宗藩關係。傍晚酉刻，開化黨人擁衛高宗李熙回到昌德宮。開化黨與日本人「依舊居內，圍守益加嚴密」。政變至此似乎已經成功，事大黨的重臣已被剷除，開化黨掌握了政權。

當時閔泳翊雖負重傷，仍祕密使人告急於袁世凱；事大黨官員金允植見情勢危急，也力勸袁世凱出兵。十九日（陽曆十二月六日），駐朝鮮的清軍開始採取行動。袁世凱與清軍統領張光前、總兵吳兆有等人率清軍與朝鮮左、右營兵攻入昌德宮，日軍開槍還擊，清兵與韓兵皆有死傷。傍晚酉刻，開化黨人與日本兵且戰且退。高宗李熙亦避往北牆門，遇到了由閔妃親信洪在羲（啓薰）率領的武藝衛士與「別抄軍」[17]，別抄軍扈衛高宗李熙出宮，至北關王廟，洪英植、朴泳教（朴泳孝之兄，時爲承政院都承旨）則被別抄軍所殺。另一方面，金玉均、朴泳孝等人則隨著竹添進一郎逃往日本公使館。袁世凱隨即遣兵扈衛高宗李熙至宣仁門外吳兆有之營房。

二十日（陽曆十二月七日），日本公使竹添進一郎與開化黨人金玉均、朴泳孝、徐光範、徐載弼、邊燧、尹致昊、柳赫魯、李圭完及士官生徒十餘人逃往仁川，「沿路放槍，人民死者男婦甚多，途上百姓亦有以亂石投日本人者」，其後金玉均等人搭日本商船千歲丸逃亡日本。同日，清軍將高宗李熙移往袁世凱之營房，二十三日（陽曆十二月十日）高宗李熙始返回昌德宮。開化黨的政變至此完全敉平。

以上爲「甲申之變」的大致經過。從甲申政變的過程中，我們可以看到這次政變的一些特色：

首先，這次政變是由日本人所支持的開化黨人所發動，日本公使竹添進一郎並調派日本軍隊協助之。而參與政變的金玉均、朴泳孝等人，甚至可能說服了高宗李熙，使其同意「召日使來衛」並殺害事大黨六大臣。因此，日本人、具改革色彩的開化黨，甚至可能包括高宗李熙，是這次政變的主要謀劃者。

其次，政變開始之後，以控制國家中樞（宮廷）爲首要工作。竹添進一郎與金玉均等人迅速將高宗李熙移往景祐宮，並派日本兵圍繞景祐宮宮門，「水洩不通」。確保國家發號施令的中樞掌握在政變者的手中，亦即所謂「挾天子以令諸侯」是也。

第三，對於政敵事大黨人，則迅速予以誅殺，因此李祖淵、韓圭稷、尹泰駿、閔泳穆、閔台鎬、趙寧夏等六人皆遭到殺害。尤其李祖淵、韓圭稷、尹泰駿、閔泳穆等四人分掌左、前、後營與海防營，而右營使閔泳翊也被殺成重傷，此五人被殺害或殺傷，幾乎瓦解了事大黨的軍事反抗能力。不過，閔妃的親信洪在羲（啓薰）所率領之武藝衛士與別抄軍，仍能配合清軍的攻擊行動，將高宗李熙自開化黨與日本人的手中搶救出來，這應該算是開化黨人的「疏忽」。

由此三點觀之，甲申之變可以算是一場「外科手術式」的宮廷政變，政變的發動者直取宮廷，控制君主，並誅殺反對派領袖。以最少的兵力，最迅速的手段，達成政變的目的，是這一次政變的主要特色。若非袁世凱等清軍將領的出兵干預，則這場政變幾乎已經成功。

甲申政變之後，日本以政變期間日本公使館被焚爲藉口，派遣全權大使井上馨至朝鮮，逼迫朝鮮訂立和約，賠償日本十三萬兩。[18]次年（光緒十一年，一八八五），日本又與清朝（代表爲北洋大臣李鴻章）簽訂「天津條約」，規定中日兩國皆撤退在朝鮮的駐兵，「朝鮮若有變亂重大事件，兩國或一國要派兵，應先互行文知照。」[19]對於這一點，史家批評者甚多，梁伯華先生即認爲：「因約中規定兩國有同等派兵權，……造成朝鮮爲中日兩國共管狀態。」[20]實際上，日本的派兵權，僅爲根據「濟物浦條約」中所規定的保護使館而已；清朝方面則可依宗藩關係派兵。因此，中日兩國向朝鮮派兵的根據並不相同，「同等派兵權」、「中日共管朝鮮」的說法並不成立。

日本人與開化黨人所策劃的甲申之變，在清朝軍隊的干預之下而失敗。以閔妃爲首的事大黨，雖然失去了多位外戚重臣，但是仍然能夠繼續掌控朝鮮政局。清朝軍隊干預甲申政變的成功，也使得清朝對朝鮮的影響力與控制力日益鞏固，這一點，袁世凱的功不可沒。日本方面，由於朝鮮親日勢力在甲申政變後被剷除殆盡，清朝則完全掌控朝鮮，使得日本染指朝鮮的企圖，至此也不得不有所收斂。但日本從此認定，中國是日本在朝鮮擴張的最大障礙，更積極擴充海陸軍，準備日後與清朝決一死戰。

㈢袁世凱對朝鮮的控制

甲申政變之後，原本親華的閔妃一派，本應對清朝更加輸誠，但是在清朝方面直隸總督北洋大臣李鴻章卻同意釋放大院君回朝鮮，利用大院君過去的威望，壓制韓廷與諸閔，這一作法使得閔妃一派大為疑懼，態度轉爲親俄。[21]光緒十一年（一八八五），清朝任命袁世凱「駐紮朝鮮總理交涉通商事宜」，一方面護送大院君回國，一方面欲進一步鞏固中國在朝鮮的宗主國地位，控制朝鮮的內政與外交。[22]大院君回國之時，閔妃先將壬午軍亂的餘黨金春永、李永植等人，處以凌遲之刑，作爲對大院君的警告；又頒布「教書」，傳諭文武百官，毋與大院君往來；更進一步頒布「大院君尊奉儀節別單」八條，詳舉大院君住處之出入管理辦法，無異將大院君軟禁。[23]閔妃的應對手段，讓李鴻章利用大院君以牽制閔氏的計畫落空，而且引起了閔妃對清朝的敵視，可謂得不償失。因此，袁世凱抵任之後，必須採取多種手段，積極確保中韓的宗藩關係。

袁世凱在確立宗藩關係的名分方面，袁世凱按照李鴻章的指示，要求朝鮮派遣至外國的公使，必須遵守「三端」，所謂「三端」係指：

1. 韓使初至各國，應請由中國大臣挈赴外部。
2. 遇有讌會交際，應隨中國大臣之後。
3. 交涉大事關繫緊要者，先密商中國大臣核示。

並聲明此皆屬邦分內之體制，與各國無干，各國不得過問。[24]

光緒十三年（一八八七），高宗李熙派遣朴定陽出使美國，但朴氏抵達美國後未遵三端，擅自逕赴美國國務院，拜訪國務卿伯夏（Thomas Francis Bayard），並晉見美國總統克里夫蘭（Stephen Grover Cleveland），袁世凱得知大怒，詰責朝鮮政府，高宗李熙被迫於次年（光緒十四年，一八八八）將其調回。[25]

此外，朝鮮政府在其新鑄的錢幣上，有「大朝鮮開國若干年」之字樣，袁世凱亦要求朝鮮政府去其「大」字。[26]按今日留存的朝鮮銀幣實物，有一款紀年爲「大朝鮮開國五百一年」（見下圖左，即光緒十八年，一八九二），而次年發行的錢幣紀年則改爲「朝鮮開國五百二年」（見下圖右，即光緒十九年，一八九三），鑄幣紀年文字的改變，即爲袁世凱堅持宗藩體制的結果。

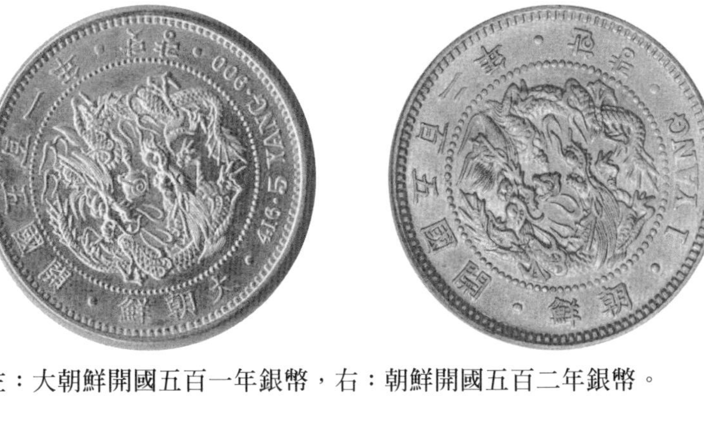

左：大朝鮮開國五百一年銀幣，右：朝鮮開國五百二年銀幣。

對於加強實際控制方面，光緒十一年清朝政府與朝鮮簽訂「中韓電線條約」，規定中國貸款十萬兩予朝鮮，架設「義州線」（由奉天鳳凰城經義州至漢城），並規定二十五年之內朝鮮不得允許外國政府或公司在朝鮮境內設置電線，電線一切事宜全由中國代管，壟斷了朝鮮的電報事業。[27]清朝又採納海關總稅務司赫德（Robert Hart）的方案，規定朝鮮海關的外籍雇員由中國的海關總稅務司「札派」，朝鮮海關實質上成爲中國海關的附屬機構，人事權完全操縱在中國手中。[28]此外，袁世凱並積極鼓勵朝鮮向中國借款。[29]透過以上種種的措施，加強了中國對朝鮮的控制。

日本眼見中國在朝鮮得勢，卻因爲國際上英、俄兩國的勢力也逐步進入朝鮮，使得日本不得不支持中國對朝鮮的宗主權以防止俄國勢力南下。[30]同時也因爲朝鮮開化黨政變失敗，韓人仇日情緒高張，日本不得不採取妥協政策，只能暫時認同中國對朝鮮的宗主權。因此，至甲午戰爭之前爲止，中國對朝鮮的控制是甚爲成功的。朝鮮雖然亦有排斥中國宗主權的舉動，但仍不足以動搖中韓的宗藩關係。中國在朝鮮的地位日益鞏固，袁世凱的積極態度應居首功。不過，中國成功的控制朝鮮，正是日後甲午戰爭的主因，日本爲了排除中國在朝鮮牢不可拔的勢力，只有訴諸於戰爭解決，用軍事手段一舉將中國勢力從朝鮮驅逐出去。

二、戰爭之經過與馬關條約的簽訂

(一)戰爭的醞釀

就在清朝對朝鮮的控制日益鞏固之時，朝鮮的內政也日益腐化。光緒二十年（一八九四），爆發了「東學教之亂」。所謂東學教，原爲朝鮮慶州人崔濟愚所創，其思想係揉合儒、道、釋三教以及朝鮮傳統民間信仰而成。創教之初，從者甚眾。同治三年（一八六四）朝鮮政府以「惑世誣民」的罪名將崔濟愚處死。[31]但是東學教的勢力並未完全消滅。光緒十八（一八九二）至十九（一八九三）年間，東學教徒以崔時亨爲首，又掀起「爲教祖申冤」的運動。[32]光緒二十年初，全羅道古阜郡因郡守趙秉甲橫征暴歛，激起民變，東學教徒全琫準乃趁機舉兵起事。朝鮮政府派出的按覈使李容泰大肆誅殺東學教徒，焚燒房舍，捕殺妻子，暴虐殘忍，難以言喻，更激起農民與東學教徒的憤怒，使得民變迅速擴展至全羅、忠清兩道。[33]

朝鮮政府得知民變擴大，即派遣洪啓薰爲「兩湖招討使」，率領京軍五隊討伐東學教徒。不過，洪啓薰所率之官軍，在黃土峴、長城黃龍場等地紛紛敗於東學教徒之手，東學教徒並於四月二十七日攻占全羅道首府全州城。[34]朝鮮政府慌亂之餘，向袁世凱提出「求華遣兵代剿」的要求，四月二十八日（陽曆六月一日），袁世凱將朝鮮乞援之事電告北洋大臣李鴻章。[35]

此時，日本方面亦開始有所動作。日本駐朝鮮代理公使杉村濬向日本政府報告：「朝鮮政府向清國乞援，情勢岌岌，若默視不顧，將使已不平等之中日兩國在朝鮮之權力，更有所軒輊。我邦此後對於朝鮮，唯有聽清國任意行動而已。」因此，四月二十九日（陽曆六月二日），日本首相伊藤博文召開內閣會議，會中決議：「不問中國以何等名義，若有派遣軍隊於朝鮮之事實，我國亦不能不派遣相當之軍隊，以備不虞，而維持中日對於朝鮮之均勢。」[36]

清朝方面，在收到袁世凱的電文之後，李鴻章決定出兵，協助朝鮮平亂。五月初四（陽曆六月七日），中國駐日公使汪鳳藻告知日本：中國將出兵朝鮮。日本外相陸奧宗光也於當晚訓令日本駐北京代理公使小村壽太郎，向中國方面轉達日本亦將出兵朝鮮之意。清朝欲阻止日本出兵，總理衙門告訴小村：「中國因朝鮮之請，派援兵勘定其內亂，係照保護屬邦之舊例，內亂平定之後，即行撤兵。若日本派兵之理由，僅係保護公使館、領事館及商民，無派出若干軍隊之必要，且非出於朝鮮政府之請求，故斷不可使日本軍隊深入朝鮮內地，以驚駭人民。又萬一與中國軍隊相遇時，恐因語言不通，發生事變。」小村則回覆：「我政府除依據天津條約之規定，照會出兵朝鮮外，無應中國任何要求之理。……我政府未嘗承認朝鮮爲中國屬邦，且我國此次派出軍隊於朝鮮，係根據濟物浦條約上之權利，又關於出兵事件，除依據天津條約照會外，我政府唯行其所好而已。故關於其軍隊之多少及進退動止，毫無受中國政府掣肘之理。」[37]日本拒絕了清朝的要求，堅持出兵朝鮮。

五月初六（陽曆六月九日），日本新任特命全權公使大鳥圭介率海陸軍抵達朝鮮，隨後進入漢城。清軍也由直隸提督葉志超率領，抵達忠清道之牙山港。[38]當時，占領全州城的東學教徒，聽到清朝援兵即將到達，因而失去信心；洪啓薰所率領的朝鮮官軍亦趁機反攻，終於在五月八日（陽曆六月十一日）官軍攻入全州城，全琫準棄城而走，東學教徒亦聞風而散，亂事暫時告一段落。[39]

鑑於東學教之亂已經趨於平靜，五月初九（陽曆六月十二日），袁世凱向大鳥圭介提出「兩國共同撤兵」的建議。[40]不過，日本外相陸奧宗光與首相伊藤博文商議之後，卻決定「（朝鮮）亂民平定後，爲改革該國內政起見，由中日兩國派出常設委員若干名於朝鮮，調查該國之財政，淘汰中央政府及地方官吏，且設置必要之警備兵，以保持國內之安寧。」並且揚言「不問與中國政府之商議成否，非觀其結果如何，絕不撤回目下在韓國之我國軍隊。又若中國政府不贊同我之提案時，帝國政府須以獨力擔任使朝鮮政府行前述之改革。」[41]五月十三日（陽曆六月十六日），日本外相陸奧宗光將此項決定告知中國駐日公使汪鳳藻。次日，陸奧宗光又訓令日本駐北京代理公使小村壽太郎，向清朝的總理衙門轉達此項決定。[42]換言之，日本並無撤兵的打算，而是企圖干預朝鮮的內政，並且準備以此爲名在朝鮮派駐「警備兵」。日本之所以採取這種作法，是希望在外交上「由被動者變爲主動」[43]，積極擴張日本在朝鮮的影響力，挑戰中國宗主國的地位。

清朝方面知道了日本的主張之後，訓令駐日公使汪鳳藻於五月十八日（陽曆六月二十一日）回答日本：由於朝鮮內亂已平，朝鮮之改革應自行之，且兩國撤兵爲天津條約之規定等三項理由，拒絕與日本共同改革朝鮮內政之議。[44]次日（五月十九日，陽曆六月二十二日），陸奧宗光知會汪鳳藻，除申明改革朝鮮內政之種種利害之外，更揚言：「假令貴國政府所見相異，帝國政府斷不能命令撤退現駐朝鮮之軍隊。」[45]中日兩國的交涉竟成僵局。

李鴻章爲求外交上的突破，要求俄、英等國進行調停，不過俄國駐華公使喀西尼（Arthur P. N. Cassini）卻於六月七日（陽曆七月九日）告訴李鴻章：「俄只能以友誼力勸倭撤兵，……但未便用兵力強勒倭人。」[46]英國駐華公使歐格納（Nicholas R. O'conor）亦出面斡旋，促成了總理衙門大臣慶親王奕劻與日本駐華代理公使小村壽太郎的會談。但是由於小村壽太郎拒絕了奕劻「先撤兵，再議善後事宜」的提議，結果談判破裂。[47]陸奧宗光於六月十日（陽曆七月十二日）訓令小村壽太郎照會中國：「中國政府除依然主張我國由朝鮮撤兵外，不爲何等商議，此非中國政府徒好生事而何？事局已至此，將來即發生不測之變，日本政府不任其責。」[48]眼見情勢急轉直下，英國政府於六月十九日（陽曆七月二十一日）告知日本：「固執此政略導致戰爭，對此後果，日本政府責無旁貸。」不過，英國除了要求日本不要在上海附近有軍事行動而影響其經濟利益之外，亦別無其他舉動。[49]李鴻章希望透過英、俄等國牽制日本的努力，歸於失敗。

正當清朝透過各國折衝交涉之際，日本又向朝鮮政府直接施壓。五月二十三日（陽曆六月二十六日），日本駐朝鮮公使大鳥圭介謁見高宗李熙，逼迫朝鮮接受其「改革秕政」的建議。朝鮮國王則在袁世凱的建議之下，以「下罪己詔」回應日本，並申明「日本政府若先撤退其軍隊，且撤回關於內政改革之公然照會，則朝鮮必舉自行改革之實」。[50]六月十七日（陽曆七月十九日），大鳥圭介對朝鮮下達最後通牒，要求朝鮮驅逐清軍，廢止一切中韓條約。袁世凱見勢已不可為，辭職回國。朝鮮政府方面則狼狽不堪，不知所措。當時大鳥圭介一方面聯絡朝鮮親日派人士金嘉鎮、安駉壽等人，一方面派遣日本人岡本柳之助遊說大院君李昰應，積極布置政變。【51】

六月二十一日（陽曆七月二十三日）清晨，日本在漢城發動政變，駐紮於龍山的日本軍隊攻入城內，直抵皇宮景福宮。日本公使大鳥圭介「率兵斬光化門及迎秋門而入，衛卒大驚，放鎗，適有人揮手止之。日本兵進入閤門，圍住百匝，把守各門，內外不通。圭介遣幕下往迎大院君入宮。」隨後大院君李昰應「奉王敕」進入皇宮，代國王接見大鳥公使，聲言「已奉總裁國政之敕命」。大院君並且宣布：廢除一切中韓條約，請求日本軍隊驅逐在牙山的清軍。【52】

這場政變，又是日本人導演下之「外科手術式的宮廷政變」。日軍直接包圍皇宮景福宮，擁立大院君李昰應攝政，直接掌握了朝鮮的國家中樞。大院君李昰應則在日本的操縱之下，請求日本軍隊驅逐清軍，使得日本的戰爭行動取得了合理的藉口，從此戰端遂開。

六月二十三日（陽曆七月二十五日），中國軍艦濟遠號、廣乙號自朝鮮牙山啓程返國，行經豐島海域附近，遭遇日本吉野號、秋津州號、浪速號三艦突擊，廣乙號中彈受創，擱淺於朝鮮海岸，管帶（艦長）林國祥下令鑿鍋爐，焚火藥艙，率殘兵登岸。日本三艦繼續追擊濟遠艦，此時兩艘中國運兵船高陞號、操江號滿載士兵彈藥駛進戰區，日本吉野艦繼續追擊濟遠，秋津洲、浪速二艦轉攻高陞號與操江號。高陞號上清軍官兵拒絕投降，浪速艦艦長東鄉平八郎下令擊沉高陞號，高陞號上仁字軍營務處幫辦高善繼、營官駱佩德等八百七十一人殉國。操江號見寡不敵眾，升白旗與日本旗投降，船上彈藥餉銀盡爲日軍俘獲。濟遠艦則擺脫吉野號的追擊，成功遁去。此役中國方面損失廣乙、高陞、操江三艦，是爲「豐島海戰」。[53]

此外，在陸路方面，六月二十七日（陽曆七月二十九日），日軍攻擊牙山清軍，清軍統帥葉志超下令清軍向平壤撤退。由於衝突全面爆發，七月初一（陽曆八月一日），中日兩國正式宣戰。

(二)甲午戰爭與馬關條約

光緒二十年七月初一（陽曆八月一日）中日兩國宣戰之後，兩國皆在朝鮮積極部署戰備，形成南北對峙之局。八月十五日（陽曆九月十四日），日軍開始北上進攻平壤，經過數日血戰，清軍死傷二千餘人，高州鎭總兵左寶貴陣亡，葉志超於八月十七日（陽曆九月十六日）率清軍殘部撤離平壤，向北退回中國境內。清朝命四川提督宋慶總統諸軍，防範日軍攻入中國境內。[54]

另一方面，八月十八日（陽曆九月十七日），爆發了黃海大海戰，北洋艦隊在提督丁汝昌的率領之下，行經黃海大東溝海域，遭遇日本聯合艦隊。北洋艦隊採一字雁行陣，以定遠、鎭遠兩鐵甲艦居中，右翼爲來遠、經遠、超勇、揚威四艦，左翼爲靖遠、致遠、廣甲、濟遠四艦，強調「始終以艦首對敵」，以發揚艦首重砲之火力。日本聯合艦隊司令長官伊東祐亨則採單縱陣，以吉野、高千穗、秋津洲、浪速四艦爲第一游擊隊居前，松島、千代田、嚴島、橋立、比睿、扶桑六艦爲本隊居後，另有搭載日本海軍軍令部長樺山資紀觀戰的西京丸及護衛艦赤城，在本隊左側。開戰之初，日本第一游擊隊吉野等四艦攻打北洋艦隊右翼超勇、揚威二艦，超勇、揚威陸續被砲火擊中沉沒，超勇艦管帶黃建勛、揚威艦管帶林履中投海自盡。日本本隊則經過北洋艦隊前方，遭到北洋艦隊猛烈砲擊，比睿艦受重創退出戰場，赤城艦艦長坂垣八郎太中砲陣亡，該艦隨後亦逃離作戰海域，日本本隊繞至北洋艦隊後方，與第一游擊隊前後夾擊北洋艦隊。

此時，停泊在大東溝港內的北洋艦隊平遠、廣丙兩艦與福龍、左一兩魚雷艇趕來參戰。福龍魚雷艇向日艦西京丸發射兩枚魚雷，皆未命中。日艦則圍攻定遠、鎮遠兩鐵甲艦，致遠艦管帶鄧世昌爲掩護定遠，挺身抵擋日艦砲火，使致遠遭受重創，鄧世昌下令致遠艦向日艦吉野衝去，欲與吉野同歸於盡，但遭日艦魚雷擊沉，鄧世昌殉國。致遠沉沒後，濟遠艦管帶方伯謙見戰事不利，擅自退出戰場（方伯謙後因臨陣脫逃之罪被斬首），廣甲艦也跟隨而走（廣甲艦於逃走時觸礁而毀）。日本第一游擊隊吉野四艦轉而圍攻北洋艦隊經遠艦，經遠管帶林永升中砲腦裂而死，經遠艦沉沒。第一游擊隊繼而追擊來遠、靖遠二艦，來遠、靖遠退至朝鮮大鹿島海岸，背面依托島岸，以正面主砲對敵，阻擋了第一游擊隊的進攻。日艦本隊則圍攻定遠、鎮遠二艦，日本旗艦松島遭定遠主砲擊中，傷亡慘重，伊東祐亨見無法擊沉定遠、鎮遠，遂下令撤兵，黃海海戰結束。此役北洋艦隊損失了揚威、超勇、致遠、經遠、廣甲等五艘軍艦，丁汝昌率領殘部退回旅順軍港。[55]

中國軍隊在朝鮮戰場海陸皆敗，士氣大挫，日本則策畫下一步的行動。九月二十五日（陽曆十月二十三日），日本第一軍在司令官山縣有朋的率領之下，渡過鴨綠江攻入奉天。九月二十七日（陽曆十月二十五日），日本第二軍在司令官大山巖的率領之下，登陸遼東半島之花園口，直襲金州、大連，駐防旅順的清軍約有一萬五千人，卻分屬姜桂題、張光前、黃仕林、衛汝成、程允和、趙懷業、徐邦道各部，互不統屬，各行其是，雖諸將公推姜桂題爲統帥，但仍無法相互協調。日軍於十月二十日（陽曆十一月十七日）進犯旅順，清軍徐邦道、衛汝成部雖一度擊退日軍先遣部隊，但日軍於十月二十四日（陽曆十一月二十一日）發起總攻，清軍各部敗潰，日軍遂攻占旅順（北洋艦隊已撤往山東威海衛之劉公島軍港）。[56]日軍占領旅順之後，在當地進行了慘無人道的大屠殺，據估計中國軍民約有兩萬餘人被屠殺。[57]清朝命兩江總督劉坤一督辦軍務，關內外各軍均歸節制，又命宋慶與湖南巡撫吳大澂幫辦軍務。[58]

爲了殲滅北洋艦隊，十二月二十五日（陽曆一八九五年一月二十日），日軍第二軍登陸山東榮城灣，陸續攻占威海衛沿海的南幫砲台與北幫砲台，並與日本海軍夾擊劉公島軍港內的北洋艦隊。面對日本海陸夾擊，丁汝昌一方面下令北洋軍艦砲擊被日軍占領的砲台，擊斃日本旅團長大寺安純少將；一方面又擊退了日本聯合艦隊的多次正面進攻。日本聯合艦隊司令長官伊東祐亨見戰事不利，改採魚雷艇偷襲之法，派遣魚雷艇趁夜偷襲北洋艦隊，結果定遠艦中雷擱淺，來遠、威遠、寶筏三艦則中雷沉沒。魚雷艇偷襲事件後，北洋艦隊士氣大受打擊，北洋艦隊魚雷艇隊竟集體逃亡。提督丁汝昌見劉公島孤軍彈盡援絕，下令將受創之定遠、靖遠二艦爆破自沉，定遠艦管帶劉步蟾自殺，丁汝昌亦飲鴉片而亡。光緒二十一年正月二十日（陽曆二月十四日），北洋艦隊殘部向日本聯合艦隊投降。[59]

另一方面，在遼東戰場，清軍在四川提督宋慶、湖南巡撫吳大澂等人的統領之下反攻海城失利，日軍陸續攻占牛莊、營口、田莊台。二月底（陽曆三月），日本海軍南下，攻占澎湖。[60]

清朝在戰事日趨不利之際，也希望與日本進行和談。清朝首先派出張蔭桓、邵友濂赴日本進行談判。光緒二十一年正月六日（陽曆一月三十一日），張、邵二人抵達日本廣島，日本首相伊藤博文、外相陸奧宗光皆以張、邵二人資望不足，認爲中國缺乏眞欲罷戰之誠意，且張、邵二人無「全權委任狀」，因此拒絕與張、邵二人展開談判。伊藤博文並要求清朝方面：「委其使臣以確實全權，選擇有名望官爵，足以擔保實行條約之人員當此大任。」[61]清朝無奈，遂派遣李鴻章爲全權大臣赴日本進行談判。

李鴻章於二月二十三日（陽曆三月十九日）抵達日本馬關，二十四日（陽曆三月二十日），李鴻章即與日本首相伊藤博文開始進行談判。李鴻章要求在正式談判開始前，先議定休戰事項，但爲日方拒絕，雙方談判陷於僵局。二月二十八日（陽曆三月二十四日）談判結束後，李鴻章突遭日本刺客開槍狙擊，身受重傷，中日談判一度中斷。當時陸奧宗光認爲：「若李鴻章藉口負傷，於使事之半途歸國，非難日本國民之行爲，巧誘歐美各國，再使其居中周旋，不難得歐洲二三強國之同情。而於此種機會，招歐洲強國之干涉，則我對於中國之要求，陷於不得不大行讓步之地位。」於是日本方面同意休戰，李鴻章與伊藤博文於三月五日（陽曆三月三十日）簽訂休戰協定。[62]

三月七日（陽曆四月一日），日本將議和草案送交李鴻章，內容包括中國確認朝鮮獨立，割遼東半島南部、台灣、澎湖群島予日本，賠款白銀三萬萬兩，開港埠與允許內河航行，以及允許日人得在中國從事製造業等等。三月十一日（陽曆四月五日），李鴻章覆書日本，勸其以兩國永遠親睦爲念。次日，清朝任命李經方（鴻章子）爲全權大臣以協助李鴻章。伊藤博文乃於三月十四日（陽曆四月八日）召見李經方，迫其速作回答。三月十五日（陽曆四月九日），李經方提出修正案，割地限奉天之一州一廳兩縣及澎湖群島，償款一萬萬兩。三月十六日（陽曆四月十日），日本再提修正案，除賠款減爲二萬萬兩，稍減遼南割地外，其餘不得變更原案。三月十七日（陽曆四月十一日），伊藤博文再致書李鴻章父子：「日本國今日能承諾之媾和條件，希望不以爲後日亦能承諾也。」三月二十一日（陽曆四月十五日），李鴻章終於屈服，完全接受日本之條件。[63]

三月二十三日（陽曆四月十七日），李鴻章與伊藤博文簽訂「馬關條約」。條約內規定中國承認朝鮮「獨立自主」，割讓台灣、澎湖與遼東半島南部（其後，遼東半島南部因俄德法之干涉而歸還中國，中國則增加三千萬兩之賠款），賠款白銀兩萬萬兩，日本得在中國口岸設置工廠（產品可免關稅）。甲午戰爭，終以中國戰敗，簽定了喪權辱國的馬關條約而劃下了句點。

㈢甲午戰後的朝鮮

甲午戰爭爆發的前夕，日本已經在朝鮮發動了政變，扶植大院君李昰應攝政，希望藉此控制朝鮮的政治中樞。除了扶植大院君之外，更將以領議政沈舜澤為首的閔妃一派「事大黨」官員全部驅逐，改設「軍國機務處」，以金弘集為總裁。[64]隨著戰爭的進行，清朝軍隊戰敗而退出朝鮮，日本已經達成將清朝勢力逐出朝鮮，而由日本人來掌握朝鮮的目的了。不過，朝鮮對日本的侵略行動也並非完全沒有反抗的舉動。

首先對日本採取反抗行動者，即是被日本扶植的大院君李昰應。大院君雖然與當權的閔妃外戚集團是對立的政敵，但是大院君對日本的控制似乎更為痛恨，因此大院君攝政以後，暗中聯絡東學教徒全琫準等人，囑其再度舉事。光緒二十年九、十月間，全琫準以「斥倭」為名，率數萬之眾進攻公州。當時公州由李圭泰所率領的官軍與日本軍隊聯合據守，東學教徒進攻數次，均未得手。東學軍乃掉頭南下，又大敗於泰仁，東學教徒或被殺害，或被逮捕，或逃逸而去，東學教的勢力因此瓦解。全琫準亦於十二月十日於淳昌被捕，次年於漢城處死。[65]

大院君對日本採取的不合作態度，日本方面亦有所警覺，取代大鳥圭介而來到朝鮮的新任日本全權公使井上馨，乃以大院君煽動與操縱東學教徒為理由，迫使大院君再度引退；[66]並於光緒二十年十一月二十一日，逼迫朝鮮國王改組內閣，以朴泳孝為內務大臣，趙羲淵為軍務大臣，徐光範為法務大臣，申箕善爲工務大臣，嚴世永爲農商大臣，安駉壽爲度支協辦，金嘉鎭爲工務協辦。[67]朴泳孝、徐光範爲甲申政變的主謀者，安駉壽、金嘉鎭則爲新興的親日派，可見在井上馨的主導之下，在朝鮮的內閣之中大量進用親日派人士，希望藉此鞏固日本在朝鮮的勢力。除了在內閣中重用親日派人士之外，日本更於光緒二十一年四月，將日本教官所訓練的新式軍隊，命名爲「訓練隊」，作爲親日派的軍事力量。[68]

眼見親日派在日本的支持之下日益坐大，閔妃也採取對抗的行動，第一個目標就是剷除親日派的首腦人物朴泳孝。閏五月，突然有朝鮮人韓在益向宮內府特進官沈相薰密告朴泳孝企圖陰謀不軌之事，朴泳孝恐懼之下，逃往日本公使館躲藏，高宗李熙隨即於閏五月十四日下詔：「朕以朴泳孝甲申事或有可恕，故不記其罪，特爲顯庸，使之效忠自贖。乃反怙終陰圖不軌，事已發覺，方令法部嚴覈正罪，而元惡斯得。餘人悉置不問，以示廣蕩之典。」當日，朴泳孝得知此事之後，換著洋服，以日本士兵自衛，逃往仁川，隨後再度流亡日本。[69]

剷除了親日派首腦朴泳孝之後，閔妃準備進一步削弱親日派的軍事力量。閏五月二十五日，新設「侍衛隊」以扈衛宮中，[70]希望建立一支不受日本人控制的現代化軍隊。同時，又任命副領（相當於中校）洪啓薰爲訓練隊聯隊長，副領玄興澤爲侍衛隊聯隊長。[71]洪啓薰其人，壬午軍亂時曾護衛閔妃逃出皇宮，甲申之變時又率領別抄軍從開化黨與日本軍隊手中搶回朝鮮國王李熙，並在第一次東學教之亂時肩負重任，率兵討伐東學教，可見此人爲閔妃之親信重臣。閔妃用洪啓薰統領親日的訓練隊，其目的明顯在於瓦解日本對訓練隊的控制力。

此時，日本政府也將控制朝鮮不力的全權公使井上馨解職，並於閏五月二十八日任命前陸軍中將三浦梧樓爲新任的全權公使，三浦梧樓於七月十五日抵達朝鮮。[72]三浦梧樓到任之後，發覺朝鮮「仍欲解散我陸軍士官盡力編成之訓練隊，黜罰其將官，頗有疏外我國之形跡」，乃與公使館書記官杉村濬、岡本柳之助等人密謀殺害閔妃，並且再度擁立大院君攝政。[73]

八月十九日，朝鮮政府決定解散訓練隊，並派遣軍部大臣安駉壽帶宮中使命，往日本公使館，告以解散訓練隊之事。三浦梧樓見時機迫切，決定於是夜舉事。三浦梧樓一方面命令日本軍「京城守備隊」隊長馬屋原務本，使之操縱訓練隊，並以日本守備隊爲聲援；另一方面派遣岡本柳之助前去孔德里大院君住處護衛大院君入宮。次日（二十日，陽曆十月八日）凌晨三時，岡本柳之助擁大院君輿轎出發，在西大門與訓練隊相遇。隨後，日軍吶喊放砲，從光化門而入，分爲數路進攻乾清宮（朝鮮國王與閔妃居住之所），途中遇到訓練隊聯隊長洪啓薰，日軍即將洪氏刺殺。由日本軍隊包圍把守宮門，另由一群日本刺客進入宮中搜尋閔妃。刺客搜索各房，尋出閔妃，刺客刀刃齊下，閔妃當場被弒。刺客並將閔妃的屍體移至附近樹林中，加以石油木柴，點火而燒之。[74]此次政變，稱爲「乙未事變」。

乙未事變，讓我們再度看到了日本「外科手術式宮廷政變」的政變模式：政變的發動者直取宮廷，控制君主，並誅殺反對派領袖閔妃。以最少的兵力，最迅速的手段，達成政變的目的。事變兩天之後，即八月二十二日，高宗李熙在日本的逼迫之下，宣布王妃閔氏「罪惡貫盈」，將「王后閔氏廢爲庶人」，並且將侍衛隊併入訓練隊。[75]閔妃「事大黨」一派的勢力至此被徹底剷除，日本得以完全控制朝鮮。

次年（光緒二十二年，一八九六）二月，高宗李熙由於不堪日本的壓迫，祕密與世子（即日後的純宗）逃亡至俄國公使館，是爲「俄館播遷」事件。高宗在俄國庇護之下，派遣警官捕殺親日派大臣首相金弘集、農工商大臣鄭秉夏等人，度支大臣魚允中逃跑時被民眾所殺，其他親日派官員俞吉濬、趙羲淵、張博、禹範善等人相率逃往日本，親日派徹底失勢。高宗並於光緒二十三年（一八九七）由俄國公使館移御於慶運宮（今德壽宮），改國號爲「大韓帝國」，韓國頗有中興之氣象。[76]不過，在日俄戰爭（一九〇四～一九〇五）爆發後，俄國勢力也被日本逐出朝鮮，孤立無援的朝鮮只有一步一步地走向被日本兼併之路。

三、朝野對戰敗的反應

(一)由仇日到親日

甲午戰爭的失敗，使得清朝的朝野人士如大夢初醒，紛紛提出了各種復仇雪恥、救國強國的議論。在甲午戰爭進行期間以及戰爭剛結束之時，社會輿論有許多意見是主張拒和，繼續與日本作戰。寄嘯山房主人陳耀卿所編集的《時事新編》，即收錄了許多當時報紙上所刊載的主戰輿論。例如該書卷三〈防倭論〉一文中說道：

> 論者又謂北洋危在旦夕，果何策以救其亟？曰：宜速檄南洋五省防軍，簡將帥之有謀略忠勇者，剋期並進，爲濟河焚舟之計，載以木輪，驅以鐵艦，由太平洋逕渡橫濱取東京爲正兵。而募閩廣敢死士及台灣番猺，涉險矯捷如猿猴者爲奇兵，取道琉球北部諸島，間越長崎，經馬關，由石見道，攀緶踰嶺，直取廣島，則北洋之圍自解。而倭所欲取償於中國者，中國且可取償於倭矣。是彼行其假途伐虢之計，我應以圍魏救趙之師，亡羊補牢，亦尚未晚。[77]

《時事新編》一書中收錄的類似言論還有不少，如卷四收有〈論防倭不如剿倭〉、〈論中與日戰宜出奇兵以乘之〉等文章，皆以動員南洋艦隊直搗長崎、橫濱等地，作爲反敗爲勝的策略。《時事新編》卷六更收錄高太痴〈夢平倭虜記〉一文，文中說道：

> 當是時倭主在廣島，迭聞僞師之勝，既下旅順威海，又下營口，且將圖我台灣，攻我榆關。自我有議和之意，彼益驕盈縱恣，侈然自得，僞朝文武，亦復竭力阿諛，專以粉飾戰功爲事。既卻我張蔭桓、邵友濂兩欽使之後，以爲中國若遣李傅相來，則割地數處，索兵費數百兆元，不難如願以償也。由是君

臣上下，日惟飲酒慶賀，流連荒亡，昏然罔覺。不料大兵遽集，不旋踵而兩窟已失，警報甫至，魂散魄落，急召水陸各兵救援。顧勢已不及，眾心皇皇，莫知爲計。我軍遂圍廣島，猶冀其悔罪投誠也。奈倭主不悛，揮令倭兵奮力抵拒，我軍疊發開花彈，攻其僞行宮，砲聲大震，屋瓦盡飛。良久，繚垣崩而內宮火起，我軍奮勇登岸，短兵相接之際，僞大臣大鳥圭介，即設謀奪我朝鮮者，見事急，自恐不免，與其黨羽共縛僞主及僞皇子等來獻。僞扈從官伊藤博文、井上馨等，皆被執，衛士倒戈盡降。[78]

這些報端上發表的文章，雖然內容天馬行空，不切實際，但是表達了當時一般百姓反對議和，主張繼續作戰的意見。

除了民間以主戰、拒和爲主調的輿論外，馬關條約簽訂之後，當時北京的官僚士紳，以及正在北京參加科舉考試的各省舉人，都紛紛上書光緒皇帝，請求繼續對日本作戰。廣東舉人康有爲，也計畫率領各省舉人，向都察院聯名陳情上書，康有爲在預備上呈的奏章中寫道：

夫言戰者固結民心，力籌大局，可以圖存。言和者解散民體，鼓舞夷心，更速其亡。以皇上聖明，反覆講辯，孰利孰害，孰得孰失，必當獨斷聖衷，翻然變計者。不揣狂愚，統籌大計，近之爲可和可戰，而必不致割地棄民之策；遠之爲可富可強，而斷無敵國外患之來。伏乞皇上下詔鼓天下之氣，遷都定天下之本，練兵強天下之勢，變法成天下之治而已。[79]

康有爲認爲主戰者是「固結民心」，主和者則是「解散民體」，康有爲還要皇帝下詔、遷都、練兵、變法，可見康有爲主張對日作戰與政治改革應該並行。關於這篇上書，據康有爲《自編年譜》記載：

時以士氣可用，乃合十八省舉人於松筠庵會議，與名者千二百餘人，以一晝二夜草萬言書，請拒和、遷都、變法三者，卓如（梁啓超）、孺博書之，並日繕寫，遍傳都下，士氣憤湧，聯軌察院（都察院）前里許。而四月八日投遞，則察院以既已用寶，無法挽回，卻不收。[80]

在康有爲的自述中，是他本人領導了十八省舉人聯名上書，此即「公車上書」，但都察院以光緒皇帝已經在合約上用印，無法挽回，因此拒絕接收十八省舉人的聯名上書。

然而根據茅海建先生〈「公車上書」考證補〉、〈「公車上書」考證再補〉二文指出：光緒二十一年上書反對馬關條約者包括了中下級官員與各省舉人，背後的指使者爲軍機大臣翁同龢等主戰派官員。對於官員、舉人們上書陳情，都察院並未持反對態度。康有爲自稱其領導「公車上書」被都察院阻止的說法，並不確實，有自我吹噓之嫌。[81]茅海建先生提到，首先質疑康有爲領導「公車上書」的說法者，爲黃彰健〈論今傳康戊戌以前各次上書是否與當時遞呈原件內容相合〉一文，黃彰健引用光緒二十一年五月由康有爲及其門人刊行之《公車上書記》〈滬上哀時老人未還氏序〉的記載：

中日和約十一款，全權大使既畫押，電至京師，舉國譁然，內之郎曹，外之疆吏，咸有爭論，而聲勢最盛、言論最激者，莫如「公車上書」一事。初則廣東舉人梁啓超聯名百餘，湖南舉人任錫純、文俊鐸、譚紹裳各聯名數十，首詣察院，呈請代奏。既而福建、四川、江西、貴州諸省繼之，既而江蘇、湖北、陝、甘、廣西諸省繼之，又既而直隸、山東、山西、河南、雲南諸省繼之。蓋自三月二十八、三十，四月初二、初四、初六等日（都察院雙日堂期），察院門外車馬闐溢、冠衽雜遝、言論滂積者，殆無虛晷焉。書上數日不報，各公車再聯十八省同上一書，廣東舉人康長素者，素有時名，嘗以著書被謗議於時，主其事，草疏萬八千餘字，集眾千三百餘人，力言目前戰守之方、他日自強之道。文既脫稿，乃在宣武城松筠庵之諫草堂傳觀會議，庵者前明楊椒山先生故宅也。和款本訂於四月十四日在煙台換約，故公呈亦擬定於初十日在察院投遞，而七、八、九三日爲會議之期，乃一時定和之使，主和之臣，恐人情洶湧，局將有變，遽於初八日請將和款蓋用御寶，發使齎行。……是時，松筠庵坐中議者尚數十百人，咸未諗用寶之舉，但覺氣象愁慘，相對欷歔，憤悒不得語，蓋氣機之感召然耶？是夕議者既散歸，則聞局已大定，不復可救，於是群議渙散，有謂仍當力爭以圖萬一者，亦有謂成事不說無爲蛇足者，蓋各省坐是取回知單者又數百人，而初九日松筠之足音已跫然矣。議遂中寢，惜哉惜哉！[82]

根據《公車上書記》的說法，在三月二十八、三十，四月初二、初四、初六等日，各省舉人已發動多次上書，發動者皆非康有爲。康有爲在松筠庵發動的十八省舉人上書，最後是「群議渙散」、「議遂中寢」。此外，黃彰健先生又引述光緒二十三年（一八九七）刊行之《南海先生四上書記》中，康有爲學生徐勤所作之〈雜記〉說道：

乙未三月，和議將成，頗有爭之者，然皆不達於事勢，徒以大言主戰，不足折和者之口也。先生於是集十八省公車千三百人於松筠庵（楊椒山先生故宅），擬上一公呈，請拒和、遷都、練兵、變法，蓋以非遷都不能拒和，非變法無以立國也。屬草既定，將以初十日就都察院遞之，執政主和者恐人心洶洶，將撓和局，遂陰布私人入松筠以惑眾志，又遍貼匿帖阻人聯銜。尚懼事達天聽，於己不便，遂於初八日趣將和約蓋用御寶。同人以成事不說，紛紛散去，且有數省取回知單者，議遂散。【83】

由《公車上書記》、《南海先生四上書記》等書所述，四月初八日和約用寶蓋印之後，康有爲在松筠庵的上書計畫便「議遂中寢」、「議遂散」，已經中止，故康有爲並未將公呈上呈於都察院，更無《自編年譜》所說「察院以既已用寶，無法挽回，卻不收」等事。康有爲聯名上書的計畫，在馬關條約用寶蓋印之後，便不了了之。

康有爲《自編年譜》成書於光緒二十四年年末，書中自稱領導公車上書，被都察院拒收的說法，卻被他自己及其門人早年刊行的《公車上書記》、《南海先生四上書記》所推翻。茅海建先生批評道：「康有爲《我史》（即《自編年譜》）中關於公車上書的記錄，多處有誤，很不可靠。如從政治高層的決策過程去觀察細部，可以十分明顯地看出其牽強與張揚，許多戲劇性的情節，似爲其想像。」[84]不過，即使康有爲在《自編年譜》中刻意編造「公車上書」的情節，我們也不能否認，康有爲當時的態度是傾向主戰的，這也是當時官員士子們的清議公論。

除了社會的輿論之外，許多朝廷官員也在構思對抗日本之道。例如兩江總督劉坤一在光緒二十一年閏五月十六日所上之〈密陳大計聯俄拒日以維全局摺〉，即主張聯俄制日，認爲俄國「信義素敦，與我修好二百數十年，絕無戰事」，俄德法三國干涉還遼之事更是「其爲德於我更大」，因此爲了達到聯俄的目的，「凡與俄國交涉之事務，須曲爲維持，有時意見參差，亦復設法彌縫，不使起釁。中俄邦交永固，則日與各國有所顧忌，不至視我蔑如。」[85]同月二十七日，湖廣總督張之洞也上奏〈密陳結援要策片〉，主張與俄國締結軍事同盟，「如俄國用兵於東方，水師則助其煤糧，其兵船可入我船塢修理；陸路則許其假道，供其資糧車馬。……若中國有事，則俄須助我以兵，水師尤要，並與議定若何酬報之法。」[86]光緒二十二年李鴻章在俄國簽訂「中俄密約」，則是聯俄制日政策的高峰。可見在甲午戰爭剛結束之後的一段時間之內，中國上至封疆大吏，下至百姓輿論，都瀰漫著復仇、拒日的觀念。這種觀念在中國新受喪權辱國的恥辱之際，是不難理解的。

不過，除了復仇、拒日的主張之外，也有人開始注意到日本之所以能擊敗中國，是其政治改革較中國徹底的結果。例如胡燏棻在光緒二十一年閏五月上奏之〈變法自強疏〉，就說道：

日本一彈丸島國耳，自明治維新以來，力行西法，亦僅三十餘年，而其工作之巧，出產之多，礦政、郵政、商政之興旺，國家歲入租賦共約八千餘萬元，此以西法致富之明效也。其徵兵、憲兵、預備、後備之軍，盡計不過十數萬人，快船雷艇總計不過二十餘號，而水陸各軍皆能同心齊力，曉暢戎機，此又以西法致強之明效也。反鏡以觀，得失利鈍之故，亦可知矣。[87]

胡燏棻上奏之時，距離馬關條約之簽訂不過三個月。胡氏卻能跳脫戰敗的仇恨與恥辱，了解到日本之所以戰勝是由於力行西法致富致強之故，這種見識是十分難得的。不過這種言論，在當時復仇、拒日的主流輿論之中，似非主流觀點。

甲午戰爭結束後，日本為了要改變中國仇日的輿論，花了很大的工夫。石錦〈甲午戰後日本在華的活動〉一文指出：甲午戰後，日本朝野上下都興起一股研究中國的浪潮。當時早稻田專門學校的部分學生設立了「時局研究會」，討論中國問題，並且邀請參謀本部的田村怡與造、福島安正、宇都宮太郎等人，對中國時事進行演講。明治二十九年（光緒二十二年），政界大老犬養毅主張「對於中國問題，則殊不易辦，故確立對華政策，實為當務之急」，要求當時的內閣派人調查中國問題。日本外相大隈重信即派遣可兒長一、平山周、宮崎寅藏三人，以外務省諮議的名義前往中國華南，調查革命黨的活動情形。[88]

隨後，在光緒二十三年（日本明治三十年），日人宗方小太郎在上海與李盛鐸、羅誠伯、梁啓超、汪康年等人來往，商討復興亞洲的策略。據宗方的日記記載，李、羅等人認爲「日清聯合之事，爲在野志士所熱望，無論政府方針爲何，兩國志士之互助合作，實爲當務之急」；梁啓超則說「中國之天下爲滿人破壞，欲圖挽回，非脫離滿人之羈絆不可」。石錦先生指出：當時的中國知識份子，由於甲午戰爭的刺激，開始意識到自己對國家的責任。又看見日本因變法而強的事實，並且在日本工作人員的遊說之下，走上了親日的道路。[89]我們也可以發現，在甲午戰爭後因成立「強學會」，提倡變法維新而聲名大噪的康有爲，其弟子梁啓超與日本人關係密切。日本似乎已經把注意力，放在當時積極主張變法改革的康有爲、梁啓超身上。

光緒二十四年（明治三十一年，一八九八）春，正當戊戌變法即將開始之時，日本成立了「東亞會」，該會由陸實、三宅雄二郎、犬養毅、池邊吉太郎、平岡浩太郎、江藤新作、井上雅二、小幡酉吉、佐藤宏、埴原正直、安藤俊明、香川悅次、原口聞一、宮崎滔天、村井啓太郎、柏原文太郎、桑田豐藏等人組成，[90]該會成立後，提出四點主張：

1. 發行機關雜誌，由江藤新作擔任。
2. 研究時事問題，並將所見時時發表。
3. 使居留橫濱與神戶中國人中之篤志者入會。
4. 准許輔佐光緒帝擔當變法自強之局的康有爲、梁啓超入會。[91]

東亞會並邀請康有爲的弟子羅孝高入會，並與橫濱、神戶兩地的大同學校（康有爲弟子在日本設立的學校）取得聯繫，以進一步拉攏康有爲、梁啓超等維新派人士。[92]

此外，宗方小太郎、井手三郎等「大陸浪人」，更積極聯絡中國方面的親日人士。井手三郎回日本後，與中西正樹、白岩龍平等人合作，並得到貴族院議長近衛篤麿公爵的支持，成立了「同文會」，計畫在上海設立同文會館，以促進「日清兩國有志者的合作」。[93]「東亞會」、「同文會」等組織，基本上即爲外務省的外圍機構，用來推行其中國政策。我們從東亞會「使居留横濱與神戶中國人中之篤志者入會」、「准許輔佐光緒帝擔當變法自強之局的康有爲、梁啓超入會」等決議來看，我們不難想像東亞會、同文會這些組織的功用，在於扶植中國的「親日派」，就如同日本在朝鮮扶植金玉均、朴泳孝等「開化黨」，是相同的手法。而當時東亞會特別鎖定的接觸對象，即是康有爲與梁啓超。

日本除了透過東亞會、同文會等組織與中國的士紳、知識份子進行接觸之外，日本參謀本部也派員向當時中國的封疆大吏與一般官僚展開遊說。光緒二十三年，日本參謀本部特派神尾光臣、宇都宮太郎來華，遊說湖廣總督張之洞：「前年之戰，彼此俱誤，今日西洋白人日熾，中（中國）東（日本）日危，中東係同種同文同教之國，深願與中國聯絡。」張之洞在日本的遊說之下，也認爲日本「急欲聯英聯中以抗俄德，而圖自保，彼既願助我，落（樂）得用之。」[94]光緒二十四年正月，日本參謀本部的神尾光臣、尾川重太郎、宇都宮太郎等三人又與譚嗣同會面，向譚嗣同進行遊說：「彼我本兄弟國，貴國遇我良厚，不意朝鮮一役，遂成仇釁。又不意貴國竟不能一戰，挫衄不可收拾。嗣茲以來，启各國心，危若朝露，每一回首，悔恨何及。然貴國亡，必及我，我不聯貴國，將誰聯？」[95]

在日本的積極遊說之下，聯英聯日的主張逐漸抬頭，康有爲的弟弟康廣仁即認爲：

吾不早圖内治而謀外交也難矣。無已，其聯英乎？夫英地遍四洲，屬土四十二，其加拿大、印度、澳洲，皆日思自主，英人鞭長莫及，故持盈保泰，不必急闢地之心，故其覬覦中國也，最在諸國之後。……既已援英，在海界可來者，惟法與日，日人方親英以拒俄，吾既親英，日必不來；英鐵艦二百餘艘，橫絕地球，吾既親英，法亦憚而不爲難。……若夫俄則徒聞自闢土以攻人而已，未聞助師以救人者也，故雖以至切近之土耳其，而不敢託以庇焉，此眞英俄之別也，故謂宜聯英也。[96]

譚嗣同的友人唐才常亦謂：

今夫俄之蓄而謀亞歐也，……俄而東三省鐵路歸其掌握矣，俄而一紙索大連灣、旅順犕亂全球矣。視天夢夢，伊胡有域，不知聯俄之策，出自何人？涎何利益？而仰鼻息於亡種亡國之大盜，而父母之，帝天之。……然吾以知英日之必不坐視吾中國之斬焉澌滅也，彼非有愛於中國也，中國亡則虞虢之勢成，而剝床以膚矣。[97]

戊戌變法開始之前，山東道監察御史楊深秀亦奏言：

頃聞日人患俄人鐵路之逼，重念唇齒輔車之依，頗悔割台相煎太急。大開東方協助之會，願智吾人士，助吾自立，招我遊學，供我經費，以著親好之實，以弭夙昔之嫌，經其駐使矢野文雄函告譯署。我與日人隔一衣帶水，若吾能自強復仇，無施不可；今我既弱未能立，亟宜因其悔心，受其情意。[98]

可見「聯英日以制俄」的主張，幾乎已經成爲變法派官員的共識了。

與「聯英日以制俄」的政策逐漸在變法派官員心中成型的同時，學習日本明治維新的經驗，也成爲變法派官員的重要主張。甲午戰爭結束後不久，光緒二十一年閏五月初八，康有爲對日本的態度已有轉變。康有爲在〈上清帝第四書〉中說道：

日本蕞爾三島，土地人民不能當中國之十一，近者其國王與其相三條實美改紀其政，國日富強，乃能滅我琉球，割我遼台。以土之大，不更化則削弱如此；以日之小，能更化則驟強如彼，豈非明效大驗哉？[99]

可見康有爲已經開始開始重視日本的變法經驗了。光緒二十三年十二月，康有爲在〈上清帝第五書〉之中又說道：

> 採法俄日以定國是，願皇上以俄國大彼得之心爲心法，以日本明治之政爲政法而已。昔彼得爲歐洲所擯，易裝游法，變政而遂霸大地。日本爲俄美所迫，武步泰西，改絃而雄視東方。此二國者，其始遭削弱與我同，其後底盛強與我異。日本地勢近我，政俗同我，成效最速，條理尤詳，取而用之，尤易措手。【100】

康有爲認爲俄日兩國皆值得中國效法，但是日本「地勢近我，政俗同我」，故最值得中國學習。光緒二十四年正月初八，康有爲再度上書於光緒皇帝，在這篇〈上清帝第六書〉中，康有爲又說道：

> 日本之始也，其守舊攘夷與我同，其幕府封建與我異，其國君守府，變法更難，然而成功甚速者，則以變法之始，趨向之方針定，措置之條理得也。考其維新之始，百度甚多，惟要義有三：一曰大誓群臣以定國是，二曰立對策所以徵賢才，三曰開制度局而定憲法。【101】

此外，光緒二十四年元月康有爲又進呈《日本變政考》一書，在該書的序中說道：

> 若夫日本地域比我四川，人民僅吾十之一，而赫然變法，遂殲吾大國之師，割我遼台，償二萬萬。……臣考日本之事，至久且詳，睹前車之覆，至險可鑑，若採法其成效，治強又至易也。大抵歐美

以三百年而造成治體，日本效歐美，以三十年而摹成治體。若以中國之廣土眾民，近採日本，三年而宏規成，五年而條理備，八年而成效舉，十年而霸圖定矣。[102]

康有爲在多次上書之中，屢屢奏言學習日本明治維新的經驗，作爲中國變法維新的藍圖。康有爲的言論與思想，自然對其他變法派的官員有甚大之影響。

變法派官員在外交上主張聯英日制俄，在內政的改革上也以日本爲師。變法派官員之一的李岳瑞，在其《春冰室野乘》一書之中記載道：

> 戊戌夏，聯日議起，始命黃京卿遵憲爲出使大臣。故事實缺道員出使，皆以四品京堂候補，黃時官長寶道，獨以三品卿用，蓋重其事也。先期令總署恭撰國書，依故事擬草上，上閱之不愜意，因於大日本國皇帝之上，御筆親加「同洲同種同文最親愛」九字，中間詞意亦多所改定。書成，命王文勤及張樵野侍郎奉詣日使館，與日使矢野文雄商榷，而密詔不令李文忠（李鴻章）與知。蓋文忠仇日甚，不願聯日，而忌者又爲蜚語以中之，故怒遂不解也。未旬日而文忠出總署之命下矣。[103]

從這段記載中，我們可以了解到，當時的光緒皇帝也已經接受了變法派官員的「聯日」主張，而主張「聯俄制日」的李鴻章反倒受到了排擠。可見日本在甲午戰爭結束的三年之間，已經將中國朝野知識份子對日本的情緒，成功的由「仇日」轉變爲「親日」。

㈡外國勢力覬覦中國

中日甲午戰爭，實爲十九世紀末東亞局勢轉變的關鍵大事。戰前，英法等國在東亞主要是以經濟利益爲主，兼併小國（如緬甸、安南）作爲殖民地，對於不易征服的國家（如中國、日本）則以自由貿易爲目的，以占有市場爲優先，而以戰爭爲輔助手段。中國在此時尙能保持大國的體面，與列強相互周旋。甲午戰爭之後，中國的國際地位驟然衰落，日本取而代之成爲東亞強國。由於中國的衰弱與日本的崛起，改變了戰前東亞的平衡形勢。歐美列強發現，東亞一方面多了一個競爭對手——日本，另一方面也多了一個可以進一步攫取利益的對象——中國。因此，在中法越南戰爭之後，沉寂了十年的東亞局勢，再一次的掀起了西方帝國主義侵略擴張的高潮。

甲午戰爭結束之後，除了朝野士大夫對甲午戰爭的失敗有相當多的反應之外，若干外國人士也對中國未來的發展提出了若干「建議」，英國傳教士李提摩太（Timothy Richard）即爲積極替中國出謀畫策的外國人。李提摩太爲英國人，一八四五年（清道光二十五年）生於英國，十四歲受洗爲浸禮會信徒，一八六九年（同治八年）自神學院畢業後，於一八七〇年（同治九年）抵達中國傳教，開始了他的傳教生涯。光緒十六年（一八九〇），李提摩太受北洋大臣李鴻章之聘，擔任天津《時報》的主筆，是其正式涉入中國政治的開端。次年（光緒十七年，一八九一），又受上海「同文書會」之聘，擔任督辦。同文書會原爲長老會教士韋廉臣（Alexander Williamson）所創辦的圖書出版機構，李提摩太接任督辦之後，將之改名爲「廣學會」，主張「廣西國之學於中國」以爭取中國士大夫的支持，開啓中國皇帝與政治人物的思想。李提摩太並且以廣學會所發行的《萬國公報》，作爲鼓吹變法維新的政治性刊物。[104]

光緒二十年甲午戰爭爆發之際，李提摩太就開始對中國的地方官員，進行遊說的活動。李提摩太首先遊說張之洞，說以「京師閣、部、府、院、寺、監及外省督、撫、提、鎮各衙門，各宜聘一聲望素著之西士，奉爲蓮幕上賓，遇有重大事件必就商之」，結果張之洞沒有採納。李提摩太又去遊說北洋大臣李鴻章，說以「中國給予外國在一定年限內，處理中國對外事務的絕對權力」，「鐵路、礦山、企業等每一部門，都應派外國代表管理」，李鴻章也沒有答理。[105]李提摩太的建議，其實就是要中國將各種權力，交由外國人來掌管。

光緒二十一年馬關條約簽訂之後，李提摩太在北京認識了一個新朋友，即剛剛考取進士、主張維新變法的康有爲。李提摩太於八月二十九日拜訪了康有爲，兩人相談甚歡，李提摩太盛讚康有爲的勇敢行爲與改革理想，並說康的想法和上海廣學會出版的書刊及他個人的改革主張是完全一致的。李提摩太又於九月初九日拜見了軍機大臣翁同龢，向翁提出了他的「新政策」主張。[106]其後，李提摩太將這些新政策加以整理之後，發表了〈新政策〉一文，在文中詳述中國改革之法，其中列舉了「目下應辦之事」有九項：

1. 宜延聘二位可信之西人，籌一良法，速與天下大國立約聯交。……
2. 宜立新政部，以八人總管，半用華官，半用西人。……
3. （鐵路）仍電請西國辦理鐵路第一有名之人，年約四十歲者與之商辦。……
4. 某（按：即李提摩太自稱）力強年富，心計最工，在新政部應總管籌款借款各事。……
5. 中國應暫請英人某某、美人某某，隨時入見皇上，以西國各事詳細奏陳。
6. 國家日報，關係安危，應請英人某某、美人某某，總管報事。……
7. 學部爲人才根本，應請德人某某、美人某某總之。……
8. 戰陣之事，素未深諳，應專精此事之人保薦人才，以備任使。
9. 以上各事，應請明發諭旨。……[107]

按照李提摩太的說法，中國應該將外交、新政、鐵路、借款、報紙、教育等權力，皆交由西人掌管。顯然是想要以聘用西方人才之名，行攘奪中國政權之實。

除了〈新政策〉之外，李提摩太的同事，《萬國公報》主編美國傳教士林樂知也於光緒二十二年在《萬國公報》發表了〈印度隸英十二益說〉，認爲中國應該「先於東南方遴選二省地，租歸英治，凡有利弊，聽其變置。……本昔之治印者，一一移而治華。如是上下五十年間，彼童而習之哉，將見心思辟矣，耳目開矣。」[108]其目的十分明顯，就是要將中國變成如印度一般的殖民地。

從李提摩太的例子，我們可以看出，甲午戰爭之後，由於中國衰敗窘境畢現，使得西方殖民主義者開始有了瓜分中國的念頭。而李提摩太顯然就是在爲這些殖民主義者張目，不斷的遊說朝廷官員接受其主張，從張之洞、李鴻章等封疆大吏，到康有爲這種年輕新貴，以及有帝師之尊的翁同龢，都成了李提摩太遊說的對象。此外，李提摩太更透過文字的宣傳，將他所主張由西人代爲管理中國的「新政策」，向中國知識份子推銷，借變法改革之名，行瓜分中國之實。

除了李提摩太等傳教士在中國進行的宣傳活動之外，西方對於中國的瓜分也漸漸開始有所動作。首先是光緒二十三年底，德國以山東曹州有兩名傳教士被殺爲藉口，派遣艦隊占領膠州灣，強行「租借」。接著，俄國也趁機租借旅順、大連，英國則租借威海衛與香港九龍新界，法國亦租借廣州灣。[109]西方各國紛紛在中國劃分勢力範圍，中國被瓜分支解的命運，似乎就在眼前了。

甲午戰爭的失敗，導致中國面臨殘酷的瓜分亡國之局。而在如此內憂外患的局面下，光緒二十四年，在康有爲等變法派官員的提倡，與光緒皇帝的支持之下，中國開始了變法改革的運動。

本章小結

中日甲午戰爭，爲近代中國帶來了深重的恥辱與災難。中國在甲午戰爭的失敗，證明了同治、光緒年間的「自強運動」（洋務運動）徹底失敗。中國在甲午戰爭中失敗的原因究竟何在？美國學者芮瑪麗（Mary C. Wright）認爲：自強運動失敗的原因，在於其領導者曾國藩、左宗棠、李鴻章等人爲儒家的士大夫，以恢復儒家的社會秩序爲理想，而儒家的價值觀則是立足於農業社會的基礎之上。他們對於西洋事物的態度，是主張「師夷長技以制夷」，利用西方的洋槍洋砲來捍衛中國固有的社會秩序，這種「保守主義」的心態，不利於中國的現代化，因爲儒家的社會秩序與追求現代化的目標，是完全不能相容的。[110]

舉例來說，北洋艦隊爲何會戰敗？常見的說法是慈禧太后挪用北洋海軍的經費修建頤和園，導致北洋艦隊無法購買新軍艦與更新武器裝備，才導致最後敗於日本之手。不過，我們不禁要問，就算頤和園如何奢侈豪華，中國偌大的一個國家，爲何蓋一座頤和園就沒錢了？結論是：中國是一個農業社會，一個農業國家的經濟規模與財政收入，本來就是有限的，即使自強運動時期工商業已逐步發展，中國仍然沒有走向工業革命與資本主義。實際上，一個深受儒家「重義輕利」價值觀影響的中國社會，要接受資本主義追求利潤的觀點是相當困難的。因此，中國以一個農業國家的經濟與財政，與明治維新、全盤西化的日本進行軍備競賽，長期而言中國都是沒有勝算的。

甲午戰爭證明了自強運動只注重軍事改革而不注重經濟、政治、社會全面變革的「保守主義」改革方式，是注定失敗的。然而，要從事經濟、政治、社會全面的變革，甲午戰爭後的中國做好準備了嗎？主張變法維新的康有爲，仍然出身儒家士大夫，撰寫過《新學僞經考》、《孔子改制考》，並孜孜不倦的參加科舉考試，最終考取了進士。戊戌變法前康有爲並沒有出國遊歷、親身觀察認識西方事物的經驗，他對西方的認識都是透過翻譯書籍與外國友人的介紹得來的，在對西方事物道聽途說、一知半解的情況下推動改革變法，眞的是國家之福嗎？

此外，從本章的介紹中，我們可以了解，日本在對外擴張的過程中，發動政變是其常用的手段。本章第一、二節之中介紹了日本在朝鮮所發動的三次政變：甲申之變、甲午年政變、乙未事變。現再將這三次政變的模式表列如下：

表一：甲申之變、甲午年政變、乙未事變比較表

	甲申之變	甲午年政變	乙未事變
策劃者	金玉均、朴泳孝、洪英植等「開化黨」，日本公使竹添進一郎	日本公使大鳥圭介	日本公使三浦梧樓
動用軍隊	日本守備隊	日軍	日本守備隊、朝鮮訓練隊
控制皇宮	昌德宮、景祐宮	景福宮	景福宮、乾清宮
剷除異己	閔泳翊受傷，李祖淵、尹泰駿、韓圭稷、閔泳穆、閔台鎬、趙寧夏被殺。	領議政沈舜澤等「事大黨」被罷黜。	閔妃、訓練隊聯隊長洪啓薰被殺。
扶植親日勢力，成立親日政府	洪英植爲右議政、金玉均爲戶曹參判、朴泳孝爲前營兼後營使。	大院君攝政，金弘集爲「軍國機務處」總裁。	大院君、金弘集
結果	袁世凱出兵干預而失敗。	成功	成功

從上表中，我們可以看出日本製造政變，大致可以分成兩個階段：第一階段動用軍隊占領皇宮、剷除異己，第二階段是建立親日政府。這種政變模式，我們姑且稱之爲「外科手術式的宮廷政變」，日本動用最少的兵力，最快速的行動，直取朝鮮國王所在的宮廷，剷除異己，建立親日政權。朝鮮是弱國、小國，中國有能力保護時，還可以與日本相對抗；一旦中國的勢力撤離朝鮮，則朝鮮完全無力自衛，只有任憑日本欺凌宰割。

然而，朝鮮的命運不會發生在中國身上嗎？

從甲午戰後外國人士在中國活動的情形來看，日本積極地轉變中國反日、仇日的情緒，使得中國士大夫們暫時拋開甲午戰爭的仇恨，而主張以日本爲變法改革的學習對象。英國傳教士李提摩太，一方面透過與官僚士紳的交往，一方面則利用《萬國公報》的輿論力量，不斷鼓吹由西人代爲管理中國事務的「新政策」。日本與李提摩太的這種作法，似乎是在中國培植親日與親英的政治勢力，而兩者鎖定的對象，都包含了積極主張維新變法的官場新秀康有爲。究竟以康有爲爲首的變法派官員，會不會受到英、日等國的操縱與利用呢？

光緒二十四年，康有爲領導的戊戌變法，就在這種內憂外患的局面之下，如火如荼地開始進行了。

第三章　百日維新

光緒二十四年的戊戌變法，在清朝內憂外患的局面之下，揭開了序幕。本章將介紹戊戌變法時期的幾個關鍵性人物：康有爲、譚嗣同、慈禧太后、光緒皇帝等人，討論他們的背景、經歷與性格。戊戌變法，就是在這些人物的主導之下，開始推行與嘎然終止，因此對這些人物的認識與了解是十分必要的。此外，本章還要略述戊戌變法開始進行之後，光緒皇帝與變法派所推行的新政，以及他們所面臨的問題。

戊戌變法，是中國近代史上的重大事件之一，因此學者對戊戌變法的研究也非常之多。本章在這一部分，將盡量運用前人的研究成果，來呈現戊戌變法的經過。不過由於篇幅所限，本章不能將前人所有的研究成果，一一列舉呈現，只能在敘述戊戌變法的過程中，選擇若干主要的研究成果加以介紹，這是筆者要加以說明的。

一、急於求成：康有爲與譚嗣同的思想

本節討論戊戌變法時期推動變法的兩個重要人物，康有爲與譚嗣同，對他們的生平與思想加以介紹。本書之所以要介紹這兩個人，是因爲康有爲與譚嗣同是變法派人物中最具有思想性的代表人物。希望透過本節的討論，可以讓我們更清楚的明瞭當時主張變法維新的知識份子，他們心中懷抱著何種理想。

(一)說經家之野狐：康有為

康有為，原名祖詒，字廣廈，號長素，廣東南海人，生於咸豐八年（一八五八），早年師事朱次琦，後見今文學派學者廖平《知聖篇》、《闢劉篇》等書，乃剽竊其說，康有為日後的《新學偽經考》即祖述《闢劉篇》，《孔子改制考》亦發源自《知聖篇》。[1]光緒十七年，康有為《新學偽經考》一書成書付梓，即造成當時學界之震撼。梁啓超對此書的內容略作介紹：

「偽經」者，謂《周禮》、《逸禮》、《左傳》及《詩》之毛傳，凡西漢末劉歆所力爭立博士者；「新學」者，謂新莽之學；時清儒頌法許、鄭者，自號曰「漢學」，有為以為此新代之學，非漢代之學，故更其名焉。《新學偽經考》之要點：1.西漢經學，並無所謂古文者，凡古文皆劉歆偽作；2.秦焚書，並未厄及六經，漢十四博士所傳，皆孔門足本，並無殘缺；3.孔子時所用字，即秦漢間篆書，即以「文」論，亦絕無今古之目；4.劉歆欲彌縫其作偽之跡，故校中祕書時，於一切古書多所羼亂；5.劉歆所以作偽經之故，因欲佐莽篡漢，先謀湮亂孔子之微言大義。[2]

梁啓超認為《新學偽經考》一書的影響有二：第一，清代正統學派之立腳點，根本動搖；第二，一切古書，皆須從新檢查估價。梁啓超因此認為，此書是「思想界之一大颶風也」。[3]

不過，當時朝中的當政大臣，對康有爲《新學僞經考》的觀點則是嗤之以鼻的。翁同龢說道：「康長素（祖詒，廣東舉人，名士）《新學僞經考》，以爲劉歆古文無一不僞，竄亂六經，而鄭康成以下皆爲所惑，眞說經家一野狐也，驚詫不已。」[4]梁啓超對《新學僞經考》亦評論道：

有爲以好博好異之故，往往不惜抹殺證據或曲解證據，以犯科學家之大忌，此其所短也。有爲之爲人也，萬事純任主觀，自信力極強，而持之極毅；其對於客觀的事實，或竟蔑視，或必欲強之以從我，其在事業上也有然，其在學問上也亦有然；其所以自成家數崛起一時者以此，其所以不能立健實之基礎者亦以此，讀《新學僞經考》而可見也。[5]

確實，康有爲新學僞經之理論，無法解釋《史記》中秦始皇焚書的記載；康有爲也無法解釋，如果秦焚書並未厄及六經，爲何漢初已不見《尙書》，晁錯要從伏生之口授而得今文《尙書》二十八篇；劉歆之父劉向早已在中祕校書多年，劉歆子承父業，校書未必與助莽篡漢有關。凡此種種，皆是康有爲理論上的弱點，錢穆先生曾撰有《劉向歆父子年譜》一書，在其自序中，列舉了二十八個理由，反駁康有爲之說。[6]梁啓超批評康有爲「抹殺證據、曲解證據、萬事純任主觀」，實爲的評。

光緒二十三年，康有爲又撰《孔子改制考》一書，梁啓超說明該書的要旨，該書認爲：

> 《春秋》爲孔子改制創作之書，…又不惟《春秋》而已，凡六經皆孔子所作，昔人言孔子刪述者誤也，孔子蓋自立一宗旨，而憑之以進退古人、去取古籍；孔子改制，恆託於古，堯舜者，孔子所託也，其人有無不可知，即有，亦至尋常，經典中堯舜之盛德大業，皆孔子理想上所構成也。[7]

梁啓超又認爲該書的影響：「語孔子之所以偉大，在於建設新學派，鼓舞人創作精神。」[8]也就是說，《孔子改制考》說明孔子亦主張改制，而且六經的內容都是孔子描述其理想的「創作」，否定了六經的歷史價值。當時康有爲積極鼓吹變法，而《孔子改制考》之成書，正好爲康有爲變法理論奠立了理論的基礎。

不過，康有爲《孔子改制考》一書最大的問題，還是在於梁啓超所說「曲解證據、萬事純任主觀」。舉例言之，《孔子改制考》卷九引《鹽鐵論·論儒篇》「禮義由孔氏出」一語，康有爲即強作解釋：「儒教禮制義理，皆孔子所制，此條最可據，蓋漢諸儒皆知之。」[9]所謂「禮義由孔氏出」，是因爲孔子整理六經，在研讀「禮」的過程中，發揮其大義。如父母去世，子女服三年之喪是「禮」；孔子據此推演出「孝」的觀念，此爲「義」。孔子解釋「禮」的內涵而發揚其「義」，此即「禮義由孔氏出」的原意。康有爲卻將這句話曲解爲孔子創作了禮制與義理，即孔子自己創作了禮又自己加以解釋，這是康有爲「曲解證據」之處。

康有爲又引《後漢書·張衡傳》「仲尼不遇，故論六經，以俟來辟」之語，解釋爲：「張衡是古學，尚知六經爲孔子所論定。」[10]又引王充《論衡．別通篇》「孔子之門，講習五經，五經皆習，庶幾之才也」之語，解釋爲：「秦漢諸子，無不以六經爲孔子所作者。」[11]張衡只說孔子「論六經」，王充只說孔子之門「講習五經」，兩人都未說六經（或五經）爲孔子所創作。康有爲卻過度引申，將之作爲孔子創作六經的證據。如果今天甲教授在課堂上講授牛頓的三大運動定律，難道我們即可據此認定牛頓是甲教授假託的人物，三大運動定律都是甲教授的發明嗎？

《孔子改制考》又引《論語．八佾篇》「子謂《韶》盡美矣，又盡善也；《武》盡美矣，未盡善也」之語，解釋爲：「孔子最尊禪讓，故特託堯舜。……韶樂即孔子所定之樂。」[12]又引《公羊傳》桓公八年何休註「文王之祭，事死如事生，孝子之至也」之語，解釋爲：「託文王爲人倫之至。」[13]《論語．八佾篇》只談孔子比較《韶》（帝舜時代之樂）與《武》（周武王之樂）的差異並做出評價，康有爲卻據此認定堯舜都是孔子虛構的人物。《公羊傳》何休註只說周文王在祭禮中對待死者如同對待生者一樣，康有爲卻據此認定周文王是孔子虛構的人物。我們現在在此討論康有爲的思想，是否即代表康有爲是筆者虛構的人物？這種跳躍式的解釋法，已經不只是「曲解證據」，而是根本不須證據的隨意編說。

從以上這些例子中，我們可以看出康有爲是如何「曲解證據、萬事純任主觀」。因此，我們只能說，《孔子改制考》一書，作爲宣傳變法改制的政治作用，高於學術上的意義。

此外，康有爲在思想上還有一個特點，即爲「世界主義」的思想。光緒十三年時，康有爲年僅三十歲，即主張：

> 推孔子據亂、升平、太平之理，以論地球，以爲養兵學言語，皆於人智人力大損，欲立地球萬音院之說，以考語言文字。創地球公議院，合公士以談合國之公理，養公兵以去不會之國，以爲合地球之計。[14]

康有爲主張創立「地球萬音院」統一世界的語言文字，創立「地球公議院」討論國家合併的主張，康有爲這種「合國」、「合地球」的主張，即使在今日也不可能實現，以當時清朝的處境觀之，顯然更無此可能。康有爲對於反對「合國」者，則主張以「公兵」討伐之，顯然康有爲敵視與自己觀點不同者，甚至不惜發動戰爭以攻擊之，則康氏所謂「地球公議」、「合國之公理」，其實都不如康氏一己之意見。

然而，康有爲這種「世界主義」的理想，卻與戊戌變法時期的「合邦」之說，若合符節。也許，由於康有爲一直懷抱著「合國」、「合地球」、「大同」的世界主義理想，使得他更容易接受李提摩太等人提議的「合邦」計畫。

康有爲在戊戌政變之後，仍然未放棄其世界主義的理想，在《大同書》一書中，仍然繼續強調這種理想，康有爲強調《禮記．禮運篇》中「大道之行也，天下爲公，選賢與能」爲民治主義，「講信修睦」爲國際聯合主義，「故人不獨親其親，不獨子其子」爲兒童公育主義，「老有所終，壯有所用，幼有所長，鰥寡孤獨廢疾者皆有所養」爲老病保險主義，「貨惡其棄於地也，不必藏於己」爲共產主義，「力惡其不出於身也，不必爲己」爲勞動神聖主義。在此一理想之下，康氏建立一套理想的世界制度：

1. 無國家，全世界置一總政府，分若干區域。
2. 總政府及區政府皆由民選。
3. 無家族，男女同棲不得逾一年，屆期須易人。
4. 婦女有身者入胎教院，嬰兒出生入育嬰院。
5. 兒童按年入蒙養院及各級學校。
6. 成年後由政府指派，分任農工等生產事業。
7. 病則入養病院，老則入養老院。
8. 胎教、育嬰、蒙養、養病、養老諸院，爲各區最高之設備，入者得最高之享樂。
9. 成年男女，例須以若干年服役於此諸院，若今世之兵役然。
10. 設公共宿舍、公共食堂，有等差，各以其勞作所入自由享用。
11. 警惰爲最嚴之刑罰。
12. 學術上有新發明者，及在胎教等五院有特別勞績者，得殊獎。
13. 死則火葬，火葬場比鄰爲肥料工廠。[15]

康有爲的觀念，善則善矣，但不論在彼時或今日，都無可行性，只是出自康氏個人之想像而已。可見康有爲對於政治與國際關係，始終存有不切實際之幻想。

康有爲在學術上，急於自成一家之言，因而在著書立說之際，「純任主觀、曲解證據」；而康有爲在政治上，主張變法改制，並且抱持著世界主義的觀念，在國內政治尚未有所成就之際，已經爲未來的大同世界進行設計。如此好高騖遠、急於求成的知識份子，使之擔當變法維新的重責大任，將會有怎樣的後果？

(二)譚嗣同與《仁學》

譚嗣同，字復生，又號壯飛，湖南瀏陽人，生於同治五年（一八六六），爲湖北巡撫譚繼洵之子。譚嗣同「少倜儻有大志，文爲奇肆，其學以日新爲主，視倫常舊說若無足措意者」。曾游於新疆巡撫劉錦棠之幕府，後入貲爲江蘇候補知府。甲午戰後，陳寶箴擔任湖南巡撫，譚嗣同還鄉協助推行新政。梁啓超在湖南創辦南學會，譚嗣同爲會長，集會時恆數百人，聞譚嗣同慷慨論時事，多感動。[16]

譚嗣同不似康有爲有意利用中國傳統的儒家思想來作爲變法改制的宣傳，鑑於西方各國對中國的侵略，而中國本身卻又氣息奄奄，毫無自強之朝氣，因此譚嗣同對於當時中國乃至世界各國的政治體制與價值觀，是採取叛逆而疏離的態度。譚嗣同在其所撰之《仁學》一書中，表達了這種不滿的情緒：

網羅重重，與虛空而無極。初當衝決利祿之網羅，次衝決俗學若考據、若詞章之網羅，次衝決全球群學之網羅，次衝決君主之網羅，次衝決倫常之網羅，次衝決天之網羅，次衝決全球群教之網羅，終將衝決佛法之網羅。[17]

對於中國傳統的價值觀，譚嗣同尤其採取激烈的批判態度。對於中國傳統的「忠君」觀念，譚嗣同說：「一姓之興亡，渺渺乎小哉。民何與焉？乃爲死節者，或數萬而未已也。本末倒置，寧有加於此者？」[18]對於傳統之綱常名教，譚嗣同說：「君臣之禍亟，而父子、夫婦之倫遂各以名勢相制爲當然矣，此皆三綱之名之爲害也。」[19]又說：「獨夫民賊，固甚樂三綱之名，一切刑律制度皆依此爲率，取便己故也。」[20]認爲三綱只不過是獨夫統治者的統治工具。

由於對於傳統文化深懷不滿，又看到中國外患日深，譚嗣同急欲爲中國找尋一條未來的出路。譚嗣同認爲變法是未來的出路，譚嗣同說道：

無如外患深矣，海軍熸矣，要害扼矣，堂奧入矣，利權奪矣，財源竭矣，分割兆矣，民倒懸矣，國與教與種將偕亡矣。唯變法可以救之，而卒堅持不變。豈不以方將愚民，變法則民智；方將貧民，變法則民富；方將弱民，變法則民強；方將死民，變法則民生；方將私其智其富其強其生於一己，而以愚貧弱死歸諸民，變法則與己爭智爭富爭強爭生，故堅持不變也。[21]

對於反對變法的保守派，採取了激烈批判的態度。而且，譚嗣同對於變法，也「不樂小成」，譚嗣同在〈報貝元徵書〉中說道：

嗣同之紛擾，殆坐欲新而卒不能新，其故由性急而又不樂小成。不樂小成是其所短。性急則欲速，欲速則躐等，欲速躐等則終無所得，不得已又顧而之它，又無所得，則又它顧。且失且徙，益徙益失，此其弊在不循其序，所以自紛自擾而無底止也。[22]

在這種性急而不樂小成的心態之下，譚嗣同對於變法改革的緩慢也容易感到不耐，進而採取較變法更激烈的手段。戊戌變法時期，譚嗣同之密會袁世凱，說以殺榮祿、兵圍頤和園、刺殺慈禧太后等事，即是這種激烈心態的反映。

此外，譚嗣同亦抱有「世界主義」的觀念。在《仁學》一書中說道：「大一統之義，天地間不當有國也。」[23]又曰：「地球之治也，以有天下而無國也。」[24]譚嗣同的理想不僅在於救國，更在於救世界。譚嗣同說道：

以心挽劫者，不惟發願救本國，并彼極強盛之西國，與夫含生之類，一切皆度之。心不公，則道力不進也。故凡教主教徒，不可自言是某國人，當如耶穌之立天國，平視萬國，皆其國，皆其民。質言之，曰無國可也。立一法，不惟利於本國，必無損於各國，使皆有利。創一教，不惟可行於本國，必合萬國之公理，使智愚皆可授法。以此爲心，始可言仁，言恕，言誠，言絜矩，言參天地、贊化育。以感一二人而一二化，則以感天下而劫運可挽也。[25]

譚嗣同對於世界主義，顯然也是心嚮往之。而這種心態，卻非常容易爲外國野心家所利用，戊戌變法後期的「借才」、「合邦」之議，在世界主義的包裝之下，使得譚嗣同等變法派官員跌入了帝國主義的陷阱之中。

康有爲與譚嗣同的激進思想，其產生的背景究竟爲何？梁啓超指出：

「鴉片戰役」以後，志士扼腕切齒，引爲大辱奇戚，思所以自湔拔，經世致用觀念之復活，炎炎不可抑。而海禁既開，所謂「西學」者逐漸輸入，始則工藝，次則政制。學者若生息於漆室之中，不知室外更何所有。忽穴一牖外窺，則粲然者皆昔所未睹也；還顧室中，則皆沉黑積穢，於是對外求索之欲日熾，對內厭棄之情日烈。欲破壁以自拔於此黑闇，不得不先對於舊政治而試奮鬥，於是以其極幼稚之「西學」智識，與清初啓蒙期所謂「經世之學」者相結合，別樹一派，向於正統派公然舉叛旗矣。[26]

康有爲、譚嗣同眼見外患日亟，急於改革救國，「對外求索之慾日熾，對內厭棄之情日烈」，雖知外國知識日新月異，但本身能力所限，無法眞正深入了解；對於本國保守落後的厭棄之心，則促使他們主張打倒傳統舊說，提倡激烈的變法改革。於是，當變法眞正開始之後，康有為、譚嗣同大刀闊斧地改革傳統舊制，對於典章制度、祖宗家法，曾不吝惜；但是他們對西方只有「極幼稚的西學知識」，無法仿效西方建立完整的新制度，於是只有借助外國友人之力，聽從外國友人的建議。

然而，這些「外國友人」，究竟是敵是友？

二、慈禧太后與光緒皇帝

㈠母與子

在戊戌變法的過程中，光緒皇帝與慈禧太后可以說是兩個重要的決策人物。光緒皇帝決心變法，下詔更新國是，因此開始了百日維新的變法改革運動。而慈禧太后發動政變，則將結束了這一場變法改革運動。對於這兩位關鍵性的決策人物，我們在此也要略作說明。本書並不計畫為慈禧太后與光緒皇帝的經驗資歷作詳細的回顧，而是打算說明這兩人的性格有何特色。在我們對歷史人物的研究過程中，我們經常發現，歷史人物個性上的特點，常是影響歷史變遷的重要因素。因此，本書要簡略的說明光緒皇帝與慈禧太后在處事作風上，有何不同之處。

先從慈禧太后說起，慈禧太后原爲咸豐皇帝的嬪妃，爲咸豐皇帝生下一子載淳。英法聯軍攻陷北京，咸豐皇帝逃往熱河，留皇弟恭親王奕訢、軍機大臣文祥等人在北京與英法等國交涉。咸豐十一年（一八六一），咸豐皇帝去世之後，年僅六歲的載淳即位，政局由輔政的襄贊政務八大臣所控制。輔政八大臣爲怡親王載垣、鄭親王端華、協辦大學士戶部尚書肅順、額駙景壽、以及軍機大臣匡源、穆蔭、杜翰、焦佑瀛，這八人以肅順爲首，掌握朝政，與身在北京的恭親王奕訢相對立。慈禧太后與慈安太后（咸豐皇帝之皇后）則希望藉助恭親王之力，剷除輔政八大臣，進而垂簾聽政。慈禧太后趁著恭親王來熱河奔喪的機會，與恭親王密謀誅除八大臣。於是由恭親王回北京布置。兩宮太后與小皇帝載淳隨即下詔回鑾，由載垣等人扈蹕；另由肅順護送咸豐皇帝的梓宮。太后一行回到北京後，立即由恭親王捧詔宣布載垣等八大臣之罪狀，命侍衛將載垣、端華逮捕，關押於宗人府。另一方面，肅順護送梓宮行至密雲，也被逮捕。慈安、慈禧太后隨即賜載垣、端華自盡，將肅順棄市，景壽、穆蔭、匡源、杜翰、焦佑瀛皆革職，穆蔭遣戍軍台。輔政八大臣的勢力土崩瓦解，朝政由慈安、慈禧兩宮太后垂簾聽政，改明年年號爲「同治」，並且以恭親王奕訢爲議政王，桂良、沈兆霖、文祥、寶鋆、曹毓瑛爲軍機大臣。這一場政變，開啓了慈禧太后掌控政局的序幕，被稱之爲「辛酉政變」。[27]這一年，慈禧太后不過二十七歲。

慈安、慈禧太后垂簾聽政之後，施政作風也值得稱道。垂簾之際，即命兩江總督曾國藩「統轄江蘇、安徽、江西、浙江四省軍務」、「所有四省巡撫以下各官，悉歸節制」，[28]統一了征討太平天國的軍事指揮權。而曾國藩也不負眾望，於同治三年（一八六四）攻入南京（太平天國天京），平定了擾攘十四年的太平天國之亂，開啓了「同治中興」的小康局面。

同治四年（一八六五），當時議政王恭親王奕訢掌權日久，漸有跋扈之態，「信任親戚，內廷召對，時有不檢」，因此慈禧太后下令將恭親王「罷議政王及一切職任」。隨後在許多官吏的保奏之下，命恭親王「仍在內廷行走，管理總理各國事務衙門」。恭親王入謝之時，「痛哭引咎」，兩宮太后復諭恭親王：「王親信重臣，相關休戚，期望既厚，責備不得不嚴。仍在軍機大臣上行走。」[29]慈禧太后對恭親王的一擒一縱，對於日漸跋扈的恭親王來說，不啻爲一個警告；而恭親王也能知所進退，「痛哭引咎」。從這一事件中，我們可以見到慈禧太后進退大臣，能夠於禍機未萌之時，先發制人，以弭未來之禍患。

同治皇帝親政之後，慈禧太后表面上退居幕後，但是在朝政出現重大爭議之時，慈禧太后仍能表示意見，甚至否決皇帝的聖旨。同治十三年（一八七四），同治皇帝以恭親王「召對失儀」，將恭親王「降郡王，仍在軍機大臣上行走，並奪載澂（恭親王子）貝勒」。結果慈禧太后於次日即命恭親王「復親王世襲及載澂爵」。[30]可見同治皇帝雖然親政，但是慈禧太后對於朝中的重大事件，仍然保有最後的決定權。

同治十三年底，同治皇帝去世。慈禧太后以醇親王之子載湉入嗣爲文宗後，繼承大統，即爲光緒皇帝。當時光緒皇帝年僅四歲，故仍由兩宮太后垂簾聽政。光緒七年（一八八一）慈安太后崩逝之後，更由慈禧太后一手掌握政局。慈禧太后垂簾聽政，雖不能說沒有缺點，但是慈禧太后在用人之際的果斷決策，仍經常造成政壇上的震撼。光緒十年，由於中法戰爭內中國作戰失利，慈禧太后突然於三月頒下懿旨：「以因循貽誤，罷軍機大臣恭親王奕訢家居養疾，大學士寶鋆原品休致，協辦大學士李鴻藻、景廉俱降二級，工部尚書翁同龢褫職仍留任。命禮親王世鐸、戶部尚書額勒和布、閻敬銘、刑部尚書張之萬並爲軍機大臣，工部侍郎孫毓汶在軍機學習。」[31]雖然慈禧所用之新人，未必較前任者更爲優秀，但是一日之間撤換全班軍機大臣，可以看出慈禧太后決策之果斷作風。

從以上的說明中，我們可以看出，慈禧太后具有權力慾，故在同治皇帝親政之後，仍要干預朝政。雖然慈禧太后垂簾聽政之下的政局，也是內憂外患不斷，宮中朝中貪汙腐化之事屢見不鮮，但是慈禧太后行事的果決作風，則是她的一項特色。從辛酉政變剷除肅順等人、重用曾國藩、儆戒恭親王、推翻同治皇帝的旨意將恭親王復爵、罷免全班軍機大臣等事件中，我們都可以看出慈禧太后行事果決、當機立斷的作風。

相對於慈禧太后的果決能斷，光緒皇帝就顯得易於感情用事。梁啓超《戊戌政變記》中所記載的光緒皇帝，似乎個性軟弱。如梁啓超引用宮中宦官寇連材的說法：

> 中國四百兆人中，境遇最苦者莫如我皇上。蓋凡人當孩童時，無不有父母以親愛之，顧復其出

入，料理其飲食，體慰其寒暖，雖在孤兒，亦必有親友以撫之也。獨皇上五歲即登極，登極以後無人敢親愛，雖之醇邸之福晉，亦不許親近，蓋限於名分也。名分可以親愛皇上者惟西后一人，然西后驕侈淫佚，絕不以爲念，故皇上伶仃異常，醇邸福晉每言及輒涕泣云。……

西后待皇上，無不疾聲厲色，少年時每日訶斥之聲不絕，稍不如意，常加鞭撻，或罰令長跪，故積威既久，皇上見西后，如對獅虎，戰戰兢兢，因此膽爲之破，至今每聞鑼鼓之聲，或聞吆喝之聲，或聞雷，輒變色云。

皇上每日必至西后前跪而請安，惟西后與皇上接談甚尠，不命之起則不敢起。甲午五六月高麗軍事既起，皇上請停頤和園工程以充軍費，西后大怒，自此至乙未年九月間，凡二十閱月，幾於不交一言，每日必跪至兩點鐘之久，始命之起云。【32】

這種說法有明顯的政治動機，目的在將慈禧太后妖魔化，故將光緒皇帝描寫得軟弱可憐，因此這類記載不可盡信。

光緒皇帝雖然敬畏慈禧，但若說光緒皇帝軟弱，其實也不盡然。光緒二十四年四月，光緒皇帝毅然下詔更新國是，以及我們在下一小節所要談到的翁同龢被罷黜事件，我們可以知道光緒皇帝在作重大決策時也是具有相當的魄力。不過，這種魄力的背後卻經常沒有完整的思考與計畫，而是易於輕信他人之言便草率的做出決定。光緒二十年的甲午戰爭是光緒皇帝親政之後的一大考驗，當時北洋大臣李鴻章自知中國海陸軍之不可恃，主張依賴外人以制衡日本，而朝中軍機大臣翁同龢、新科進士張謇等人，但憑一時情感之衝動，輕躁主戰，結果光緒皇帝接受翁同龢等人之建議，諭令：「日人挾制朝鮮，倘致勢難收束，中朝自應大張撻伐，不宜借助他邦，致異日別生枝節。」光緒昧於敵我之實力，於此可見。[33]戰爭的結果是中國大敗，喪權辱國。此外，光緒二十四年，康有爲上了數次奏摺之後，爲光緒皇帝所欣賞，光緒皇帝就積極地宣布更新國是，並且召見康有爲，也未見對變法改革有全盤的規劃。又本書第二章第三節中，曾提到戊戌變法期間，由於變法派官員有「聯英」、「聯日」的聲音，光緒皇帝就在給日本的國書上，在「大日本帝國皇帝」之上加上「同洲同種同文最親愛」等字，可見光緒皇帝容易憑著一時感情上的衝動，對戰爭、國政、外交等事務做出決定。

慈禧太后與光緒皇帝，是兩種不同的性格，產生了兩種不同的決策方式。慈禧太后果決能斷，光緒皇帝則容易輕信人言，感情用事。光緒皇帝雖然親政，但慈禧太后仍認爲自己有最後的決定權。戊戌政變，可以說是由這兩種不同的性格，所導致的權力衝突。

(二)翁同龢被黜事件

光緒皇帝在光緒二十四年四月二十三日（陽曆六月十一日）頒布詔書，更新國是：

數年以來，中外臣工講求時務，多主變法自強，邇者詔書數下，如開特科，裁冗兵，改武科制度，立大小學堂，皆經再三審定，籌之至熟，甫議施行。惟是風氣尚未大開，論說莫宗一是，或託於老成憂國，以爲舊章必應墨守，新法必當擯除，衆喙嘵嘵，空言無補。試問今日時局如此，國勢如此，若仍以不練之兵，有限之餉，士無實學，工無良師，強弱相形，貧富懸絕，豈眞能制梃以撻堅甲利兵乎？

朕維國是不定，則號令不行，極其流弊，必至門户紛爭，互相水火，徒蹈宋、明積習，於時政毫無裨益。即以中國大經大法而論，五帝三皇，不相沿襲，譬之冬裘夏葛，勢不兩存用。特明白宣示，嗣後中外大小諸臣，自王公以及士庶，各宜努力向上，發憤爲雄，以聖賢義理之學植其根本，又須博採各學之切於時務者，實力講求，以救空疏迂謬之弊。專心致志，精益求精，毋徒襲其皮毛，毋競騰其口説，總期化有用爲無用，以成通經濟變之才。

京師大學堂爲各行省之倡，尤應首先舉辦。著軍機大臣、總理各國事務衙門、王大臣，會同妥速議奏，所有翰林院編檢、各部院司員、各衙門侍衛、候補候選道府州縣以下各官、大員子弟、八旗世職、各武職後裔，其願入學堂者，均准入學肄習，以期人才輩出，共濟時艱，不得敷衍因循，徇私援引，致負朝廷諄諄誥誡之至意。將此通諭知之。[34]

百日維新，自此開始。然而，正在變法維新剛剛開始推展之時，光緒的老師翁同龢突然遭到了罷免。四月二十七日，光緒皇帝硃諭：「協辦大學士翁同龢，近來辦事多不允協，以致眾論不服，屢經有人參奏，且每於召對時諮詢事件，任意可否，喜怒見於詞色，漸露攬權狂悖情狀，斷難勝樞機之任，本應查明究辦，予以重懲，姑念其在毓慶宮行走有年，不忍遽加嚴譴，翁同龢著即開缺回籍，以示保全。」[35]對於這一事件，許多記載都認爲是慈禧太后對光緒皇帝的一種警告。梁啓超《戊戌政變記》說道：

自四月初十以後，皇上日與翁同龢謀改革之事，那拉氏（慈禧太后）日與榮祿謀廢立之事。四月廿三日皇上下詔誓行改革，廿五日下詔命康有爲等於廿八日覲見。而廿七日那拉氏忽將出一硃諭，強令皇上宣布。……皇上見此詔，戰栗變色，無可如何。此硃諭實那拉氏與榮祿最毒之計，聞係出於榮祿私人李盛鐸所擬云。翁同龢一去，皇上之股肱頓失，然後可以爲所欲爲也。

此外，梁啓超還指出，除了罷黜翁同龢之外，慈禧太后於四月二十七日當天還要求光緒皇帝下詔「凡二品以上官授職者皆須到皇太后前謝恩」、「命榮祿爲直隸總督北洋大臣」，梁啓超說道：「廢立之謀，全伏於此日矣。」[36]亦即認爲慈禧太后在戊戌變法剛剛開始之時，便有意發動政變，並開始預作部署。

關於翁同龢之被黜，蘇繼祖《清廷戊戌朝變記》亦記載：

翁爲皇上二十餘年之師傅也，誼甚親密，自醇賢親王薨逝後，益與之親切，上之操危慮患，翁亦俱能仰體，現雖罷其毓慶宮，仍在樞廷行走，可以日近天顏。自甲午之後，閱歷時艱，恍然於強弱存亡之所在。近日輔翊皇上，籌畫新政，僅其一人，曾保薦康有爲才堪大用，甚爲滿朝忌而惡之。當康去冬來京上書時，有守舊之大員於元旦密告恭邸（恭親王奕訢）曰：「康有爲此來，聞是翁、張所引，將樹朋黨以誘皇上變法者，亟宜防備之。」恭邸阻見康有爲者，蓋有先入之言也。近見恭邸薨逝，康復見用，太后亦爲所上之書感動，乃極力排擠讒謗皇上及康也。因太后已許不禁皇上辦事，未便即行箝制，故於未見康時，先去翁以警之。是日諭旨三道，皆奉太后交下，勒令上宣布者，皇上奉此諭後，驚魂萬里，涕淚千行，竟日不食，左右近臣告人曰：「可笑皇上必叫老翁下了鎮物了。」[37]

梁啓超、蘇繼祖的說法，都認爲翁同龢因爲支持變法，因此被保守派的慈禧太后所罷黜。然而這種說法其實很有問題，蘇繼祖自己說「太后亦爲（康有爲）所上之書感動」、「太后已不禁皇上辦事」，是反對變法的官員「先去翁以警之」，但是卻又是「太后交下，勒令皇上宣布」。這種說法明顯充滿矛盾，太后既然已經同意變法，又何必聽從反對者的意見罷黜翁同龢？太后如果反對變法而迅速罷黜翁同龢，又怎會坐視光緒皇帝重用康有爲等人推行新政三個多月？所以梁啓超、蘇繼祖的說法，基本上是站在「保守派」、「變法派」二元對立的觀點去解釋翁同龢被罷黜的事件，翁同龢既然曾經保薦康有爲，就必然是屬於變法派，翁之被罷黜就必定是慈禧太后及保守派的陰謀。

此外，康有爲記載中的翁同龢，也是變法派的積極支持者，對康有爲似乎甚爲欣賞，屢加推薦。據康有爲《自編年譜》中記載：光緒二十一年康有爲考取進士之後，翁同龢「以師傅當國，憾於割台事，有變法之心。來訪不遇，乃就而謁之。常熟（翁同龢）謝戊子不代上書之事，謂當時實未知日本之情，此事甚慚云。乃與論變法之事，反覆講求，自未至酉，大洽，索吾論治之書。」[38]光緒二十三年，康有爲將離開北京之時，「常熟來留行，翌日給事中高燮曾奏薦請召見，並加卿銜出洋，常熟在上前力稱之，奉旨交總理衙門議。許應騤阻之於恭邸（恭親王奕訢），常熟再持之，恭邸乃謂『待臣等見乃奏聞』，奉旨令王大臣問話。」[39]德國侵占膠州灣，日本參謀本部神尾、宇都宮等人向張之洞遊說聯英拒德，康有爲則向翁同龢力言「日本之可信」，並爲御史楊深秀、陳其璋草疏聯英、日策，「上於常熟，請主持之」。此外，康有爲「又告常熟謂俄欲眈眈，諸國並來，吾無以拒之，請盡開沿邊各口，與諸國通商，既可藉諸國之力以保境，又可開士民之知識。……常熟大以爲然，倡言於總署。」[40]在康有爲的記載中，翁同龢與康有爲關係密切，翁支持康變法的主張，並向光緒皇帝推薦康；康則在外交事務上爲翁出謀畫策。不過，這僅是康有爲在戊戌政變之後的片面說法。

實際上，翁同龢的政治態度未必爲變法派所喜。翁同龢對康有爲的學術觀點，基本上是不屑一顧的，將之斥爲「說經家之野狐」。而對於變法改革的看法，蕭公權先生認爲：翁同龢所主張的改革有其一定限度，他願意在經濟與軍事上使中國現代化，並使朝廷官場獲得相當程度的效率與廉潔，作爲現代化的必要條件；但是他反對制度的變革或放棄帝國的傳統價值，他不同意「西化」，換言之，他反對採用外夷「器用」以外的東西。因此，翁的變法論是溫和的，與康有爲的激進主張大相逕庭。[41]康有爲曾經提到，光緒二十三年時翁同龢曾經向光緒皇帝推薦康有爲，最後決定「令王大臣問話」。光緒二十四年正月初三，李鴻章、翁同龢、榮祿、刑部尚書廖壽恆、戶部左侍郎張蔭桓等人在總理衙門召見康有爲，[42]然而會談之後，翁同龢卻在日記中寫道：「（初三日）傳康有爲到署，高談時局，以變法爲主，立制度局，新政局，練民兵，開鐵路，廣借洋債爲大端，狂甚。燈後歸，憤甚，憊甚。」[43]從翁同龢對康有爲「狂甚」、「憤甚」的評語來看，翁同龢的觀點與康有爲不同，於此已可確定。

光緒皇帝於四月二十三日下詔更新國是之後，康有爲在《自編年譜》中記載：「爲御史李盛鐸草譯書、遊歷及明賞罰、辨新舊摺，李上之。」[44]李盛鐸者，就是前面所引梁啓超在《戊戌政變記》所提到的「此硃諭（罷黜翁同龢的諭旨）實那拉氏與榮祿最毒之計，聞係出於榮祿私人李盛鐸草擬云」中的李盛鐸。二十七日，翁同龢即遭到罷黜。可見康有爲替李盛鐸草擬之「明賞罰、辨新舊」的奏摺，可能就是彈劾翁同龢的奏摺，將翁同龢視爲「舊」而加之以「罰」。變法派領袖康有爲竟然幫「榮祿私人」李盛鐸草擬奏摺，豈非怪事？因此，李盛鐸不但非「榮祿私人」，而且可能是在康有爲的授意與擬稿之下，上書彈劾翁同龢。翁同龢的被罷，不是「那拉氏與榮祿最毒之計」，而可能是康有爲「除舊布新」的結果。

光緒皇帝同意了康有爲激進的變法主張，因此在召見康有爲的前一天，將立場與康有爲不同的翁同龢罷黜。慈禧太后的對此一事件的立場又如何？我們可以推測，如果慈禧太后反對變法，大可阻止光緒皇帝罷黜翁同龢。翁同龢係光緒皇帝的師傅，慈禧太后只要按照中國「尊師重道」的傳統，要求光緒皇帝善待翁同龢，則光緒皇帝應該不敢冒天下之大不韙，頒下罷黜翁同龢之硃諭。將「帝師」免職是何等大事，而當時朝廷大臣，也沒有人以「尊師重道」爲名請求光緒皇帝收回成命，可見當時的大臣們都知道，慈禧太后對此事也是同意的，故不便再多說什麼。

從以上的討論中，我們可以知道，一般認爲翁同龢被罷黜，是出於慈禧太后對光緒皇帝的警告，這種說法其實不能成立。翁同龢之被罷黜，是出於康有爲的計畫，經光緒皇帝的同意而實行的。在此一事件中，慈禧太后默許了光緒皇帝的作法，可見慈禧對變法的態度，就算不全力支持，至少是不反對的。因此，在戊戌變法開始之初，在慈禧太后與光緒皇帝兩者之間，並沒有所謂「保守」與「改革」的意見衝突。

與康有爲意見不合的朝廷大臣，翁同龢是第一個被罷黜的。三個月後，七月二十二日，「罷李鴻章總理各國事務衙門行走。」[45]又十天後，八月初三，譚嗣同密會袁世凱，說以誅殺直隸總督榮祿之事。

三、新政的推展與阻礙

㈠新政的推行

自從光緒皇帝在光緒二十四年四月二十三日（陽曆六月十一日）下詔「更新國是」之後，二十八日康有為晉見光緒，談論變法的理念，光緒任命康有為在總理衙門章京上行走，變法運動開始積極的推展。[46]湯志鈞〈康有為的新政建議與光緒皇帝的新政「上諭」〉一文，將百日維新所推行的新政，按日表列。現參酌湯志鈞先生的整理，將戊戌變法所推行的各項新政，舉其犖犖大者，按日臚列於下表：

表二：百日維新之新政簡表

時間	新政內容	出處
四月二十三日	下詔更新國是。命各省督撫於平日所知品學端正、通達時務、不染習氣者，無論官職大小，酌保使才數員，交總署考驗，帶領引見。	《德宗實錄》卷四一八，頁一五～一六。
四月二十四日	詔選宗室王公遊歷各國（准楊深秀奏）。	朱壽朋《光緒朝東華續錄》卷一四四，頁一八。
	命各省督撫整頓商務礦務，以開利源，並就各省會設立商務局（准榮惠奏）。	《德宗實錄》卷四一八，頁一六。
五月初一	諭各省陸軍改練洋操，所選教習北省勇隊著由新建陸軍之學成營哨分往教練，南省則由江南自強軍中酌撥。	同上，卷四一九，頁一～二。
五月初二	命總署議奏提倡學藝農工及在南北洋設立礦學學堂事宜（准曾宗彥摺）。	同上，頁二～三。

時間	新政內容	出處
五月初五	詔自下科爲始，鄉會試及生童歲科各試，一律改試策論（准宋伯魯摺）。	同上，頁五～六。
五月初八	飭盛宣懷趕辦蘆漢鐵路，並迅速開辦粵漢、滬寧各路。	同上，頁七。
五月初九	諭軍機大臣等迅速復議胡燏棻及伍廷芳奏請參用西法練軍事。	同上。
五月初十	准總理衙門奏請，將廣東舉人梁啓超在上海譯書局改爲官督商辦（總署依楊深秀、李盛鐸議奏）。	《東華續錄》卷一四五，頁五～六。
五月十二日	命將經濟歲試歸併正科，各省生童歲試立即改試策論（准宋伯魯奏）。	《德宗實錄》卷四一九，頁一〇。
五月十五日	創設京師大學堂，派孫家鼐管理。	同上，頁一三～一四。
五月十六日	命地方官振興農業，著劉坤一咨送上海農學會章程於總署，並令各省學堂廣譯外洋農務諸書。	同上，卷四二〇，頁一。
五月十七日	獎賞士民著作新書及創作新法，准其專利售賣；有能獨力創建學堂、開闢地利、興造槍砲廠者，給予特賞。	同上，頁二～三。
五月十八日	諭嗣後一切考試，均著毋庸用五言八韻詩。	同上，頁四。
五月十九日	盛宣懷奏：中國通商銀行次第開設，請飭戶部通行各省關，嗣後凡存解官款，務須統交銀行收存匯解。得旨：戶部速議具奏。	《東華續錄》卷一四五，頁一三。

時間	新政內容	出處
五月二十一日	軍機大臣等議復：按照胡燏棻等所奏，八旗漢軍炮營、籐牌營等，改習洋槍，新法練軍，特通諭知之。	《德宗實錄》卷四二〇，頁七。
五月二十二日	諭改各地書院爲兼學中學西學之學校，省會之大書院爲高等學堂，郡城之書院爲中等學堂，州縣之書院爲小學。	同上，頁九。
五月二十四日	准盛宣懷奏，免南洋公學諸生歲科試，俾得專心新學。	《東華續錄》卷一四五，頁二二。
	依總署議，頒布振興工藝給獎章程十二款。詔舉經濟特科，命各省長官各舉所知保薦人才，於三個月內送京，然後定期舉行。	同上，頁二三。
五月二十五日	諭獎著書制器及捐辦學堂者，給予世職實官虛銜，並許令專利，頒賞匾額。	《德宗實錄》卷四二〇，頁一二～一三。
五月二十六日	諭獎進工商業，以保利權。	同上，頁一五。
五月二十七日	嚴諭各省將軍督撫，切實裁兵練軍，力行保甲，整頓釐金。	同上，頁一六。
五月二十九日	御史宋伯魯奏請將上海時務報改爲官報，命孫家鼐酌核妥議。	同上，頁一七。
六月初一	公布科舉章程，鄉會試仍爲三場：一試歷史政治，二試時務，三試四書五經，歲科亦以此例推之。並命嗣後一切考試，均以講求實學實政爲主，不得憑藉楷法之優劣爲高下。	同上，卷四二一，頁一～二。

時間	新政內容	出處
六月初三	諭變通科舉，嗣後一經殿試，即可量爲授職，並停朝考一場。再申取士以講求實學實政爲主，不憑楷法。	《東華續錄》卷一四六，頁四。
六月初七	命將張之洞所著《勸學篇》頒發各省督撫、學政各一部，俾得廣爲刊布流傳。又命劉坤一、張之洞試辦商務局事宜，先就沿海沿江如上海、漢口一帶，設廠興工，並切實講求如何設立商學、商報、商會各端，即擬定辦法奏聞。	《德宗實錄》卷四二一，頁六。
六月初八	改時務報爲官報，派康有爲督辦其事。	同上，頁七～八。
六月初十	命各省將軍督撫力籌撥款，以添設海軍，籌造兵輪。	同上，頁一〇。
六月十一日	命各部院衙門刪去舊例，另定簡明則例。又命各省興辦中學堂、小學堂，由各省督撫選擇在籍紳士督辦之。（准李端棻奏）	同上，頁一一～一二。
六月十二日	申諭各省督撫辦理保甲，以輔兵力之不足。諭開經濟特科，嚴禁濫保，不得瞻徇情面。	同上，頁一三～一四。
六月十五日	於京師專設礦務鐵路總局，派王文韶、張蔭桓專理其事。命伍廷芳博考各國律例及日本改定新例，匯齊咨送。	同上，頁一六～一七。
六月十七日	命京城廣辦小學堂，俾舉貢生等入學升造，以備升入大學堂。	同上，卷四二二，頁一～二。
六月十八日	命陳寶箴、劉坤一在湘購機建廠，製造快槍彈子。	同上，頁三。

時間	新政內容	出處
六月二十二日	京師大學堂成立，丁韙良充西學總教習，賞給二品頂戴。	同上，頁六～七。
六月二十三日	命王文韶、張蔭桓籌議鐵路礦務等專門學堂。命南北洋大臣及沿海各將軍督撫妥議海軍學堂事宜。	同上，頁九。
六月二十六日	康有爲上摺請禁天下婦女纏足，並請獎勵各省不纏足會，准命各省督撫勸誘推行。	《康南海自編年譜》，頁六〇。
六月二十七日	命軍機大臣、理藩院刪定則例。徐致靖請開編書局，命孫家鼐酌核具奏。	《德宗實錄》卷四二二，頁一一。
六月二十九日	譯書局成立，撥開辦費二萬兩。	同上，頁一二～一三。
七月初二	命各省督撫挑選學堂聰穎學生有志深造者，派赴日本遊學。	同上，卷四二三，頁一。
七月初三	廢朝考之制，一切考試詩賦，概行停罷，亦不憑楷法取士，俾天下翕然向風，講求經濟。	同上，頁一～二。
七月初五	京師設農工商總局，派端方、徐建寅、吳懋鼎督理。在各省府州縣皆立農務學堂，廣開農會。（准康有爲奏）	同上，頁三～四。
	命駐外使節勸華僑創辦學堂，兼譯中西文字，譯成由總署呈覽。（准廖壽豐奏）	同上，頁五。
七月初九	御史楊福臻奏武科章程宜合學堂營制科舉爲一事，著兵部妥議。	同上，頁一三。

時間	新政內容	出處
七月初十	嚴旨切責劉坤一、譚鍾麟因循玩懈，不肯力行新法。	同上，頁一四～一五。
	准梁啓超設立編譯學堂於上海，准予學生出身。	同上，頁一六。
七月十四日	詔裁詹事府、通政司、光祿寺、鴻臚寺、太常寺、太僕寺、大理寺等衙門，外省裁湖北、雲南、廣東三巡撫、東河總督、不辦運務之糧道、僅管疏銷之鹽道，及佐貳之無地方責者。	同上，卷四二四，頁六～八。
七月二十一日	侍講惲毓鼎奏：於京師設立武備大學堂，著孫家鼐妥議具奏。	同上，卷四二五，頁一。
七月二十三日	戶部主事寧述俞條陳廣興機器製造貨物，命各省督撫籌款迅設農工商分局，置造機器。	同上，頁四。
七月二十四日	孫家鼐請設醫學堂，命其詳擬辦法具奏。	同上，頁五。
七月二十五日	命胡燏棻督飭洋工程司履勘京西運煤鐵路，籌款興辦。	同上，頁九。
七月二十六日	命各通商口岸及出產絲茶各省，籌設茶務學堂、蠶桑公院。命張之洞籌度鄂省民兵，試辦礦團、農團、嶺團、灘團、堤團、客團六事。	同上，頁一一～一二。
七月二十七日	江陰南菁書院改爲高等學堂。准侍讀學士瑞洵於京城籌設報館。命京師及各通商口岸廣設郵政分局，以廣流通。	同上，頁一五～一七。
七月二十八日	命各省督撫籌辦農務局、農會、農報，以重農政；並宜分設絲茶公司，以保利源（准端方奏、王景沂條陳）。	同上，頁二〇～二一。

時間	新政內容	出處
七月二十九日	准旗人經營商業。	同上，頁二二一。
八月初一	詔編預算，著戶部將每年出入款分門別類列爲一表，按月刊報。	同上，卷四二六，頁一。
八月初四	撥內務府官房於順天府，設立首善中學堂。	同上，頁六。
	楊銳請於京師設蜀官學堂，專教學員子弟及留京舉貢生監，傳旨嘉獎。	同上，頁八。

資料來源：參見湯志鈞：〈康有爲的新政建議與光緒皇帝的新政「上諭」〉，「附表三：光緒皇帝『詔定國是』後所頒布的『新政』表」，收於湯志鈞：《戊戌變法史論叢》，頁二二六～二五五。

上表所述，爲百日維新推行新政之大略情形。綜而言之，百日維新時期的新政，其具體措施包括下列幾方面：

其一爲裁減舊機構，如詹事府、通政司、諸寺、東河總督、湖北、廣東、雲南巡撫、無用之糧道鹽道等。

其二爲西法練兵，如裁併綠營，改習洋槍洋炮，籌設武備學堂、海軍學堂等。

其三，在整頓科舉與推行新式教育方面，包括北京設京師大學堂，省設高等學堂，府州縣設中小學堂。科舉制度的改革方面，則廢除八股文，改試策論。

其四爲推廣實業，設農工商總局及分局，推展礦業，興辦鐵路，各省設置商務局、農務局、農會、絲茶公司等。

平心而言，無論新政推行的過程是否適宜得法，這些新政對中國的改革自強而言，都是有必要的。因此，對於變法派所推行的新政，即使不是完全沒有缺點，也不能抹煞對中國的積極意義。

由於新政範圍甚大，各種條陳上書甚多，爲了處理各種有關新政的意見，七月二十日，光緒皇帝下令：「候補侍讀楊銳、刑部候補主事劉光第、內閣候補中書林旭、江蘇候補知府譚嗣同，均著賞加四品卿銜，在軍機章京上行走，參預新政事宜。」[47]隨後，光緒皇帝又頒下硃諭，說道：「昨已命爾等在軍機章京上行走，並令參與新政事宜，爾等當思現在事務艱危，凡有所見及應行開辦等事，即行據實條列，由軍機大臣呈遞，候朕裁奪，萬不准稍有顧忌欺飾，特諭。」[48]關於譚嗣同等軍機四章京，梁啓超在《戊戌政變記》中說道：

皇上至是亦知守舊大臣與己不兩立，有不顧利害誓死以殉社稷之意。於是益放手辦事，乃特擢楊銳、林旭、劉光第、譚嗣同四人參預新政。參預新政者，猶唐之參知政事，實宰相之任也。命下之日，皇上賜四人以一密諭，用黃匣親緘之，蓋命四人盡心輔翼新政，無得瞻顧也。自是凡有章奏，皆經四人閱覽，凡有上諭，皆由四人擬稿，軍機大臣側目而視矣。[49]

梁啓超所言，有誇大之嫌。唐代的參知政事，地位形同副宰相，但是軍機章京則不然。軍機四章京的工作是，「每日發下條陳，恭加簽譯，分別是否可行，進呈御覽」，也就是祕書性質的工作。當時，楊銳等軍機四章京，分爲兩班輪流入直，「劉（光第）與譚（嗣同）一班，兄（楊銳）與林（旭）一班。」[50]而且在光緒皇帝給楊銳等人的特諭之中，明明說「凡有所見及應行開辦等事，即行據實條列，由軍機大臣呈遞，候朕裁奪」，可見軍機四章京所擬之條陳，仍須經由軍機大臣代奏，可見四章京絕非取代軍機大臣而有「實宰相之任」的地位。

此外，在戊戌變法期間，慈禧太后對新政的掌握，也值得我們注意。當時的慈禧太后，已經讓光緒皇帝親政，本身退居幕後，住在頤和園中。不過，根據茅海建先生《戊戌變法史事考》指出，慈禧太后仍然可以有效掌握朝廷的事務與皇帝的動向。其方式主要是一種「事後報告制度」，慈禧對皇帝的硃批和早朝時的口諭，進行了監控。光緒親政之後，《隨手檔》中每天都有這樣的紀錄：「繕遞某某日硃批摺件事由單」、「繕遞某某日早事傳旨事由單」、「繕遞某某日電旨某道」。此中的「繕」，是軍機章京抄寫的意思；此中的「遞」，是上呈的意思。而這些由軍機章京每天抄寫的「硃批摺件事由單」、「早事傳旨事由單」、「電旨」是遞給慈禧的。[51]戊戌變法開始之後，這種「事後報告制度」也沒有中斷。光緒二十四年四月二十三日，光緒下詔「更新國是」之日，當天的「硃批摺件事由單」如下：

四月二十三日，廖壽豐奏解遞俄、法款銀摺，奉硃批：户部知道；又奏副將湯鳴盛請留浙歸標補用片，奉硃批：著照所請，兵部知道；又奏解協黔餉銀片，奉硃批：户部知道；又奏假滿病請開缺摺，奉硃批：著再賞假兩個月，毋庸開缺；又奏前安溪縣知縣戚揚學有根底請送部引見片，奉硃批：戚揚著交吏部帶領引見；又奏請將二十一年以前防軍報銷量免與扣平片，奉硃批：户部知道；又奏上年分秋冬兩季釐捐數目摺，單一件，奉硃批：户部知道，單并發。連順、德木楚克多爾濟奏查閱卡倫摺，奉硃批：該衙門知道。德木楚克多爾濟奏到任日期謝恩摺，奉硃批：知道了。[52]

茅書認爲：當日收到的京外奏摺的題由及硃批，全都上呈慈禧了，慈禧從這些簡要的報告中，可以大體明瞭各地的政事政情及光緒的態度。

此外，茅書又指出：每天最重要的奏摺及相關諭旨，軍機大臣須在當天上呈慈禧。例如四月二十三日軍機處奏片：

本日中允黃思永奏息借華款請聽商民自相勸辦摺，又奏集貲設立勸農學堂請旨試辦摺，又奏辦理永清一帶水利片，又奏皖北賑捐請重定章程片，均奉旨：存。謹將原摺片恭呈慈覽。謹奏。[53]

茅書認爲：據此奏片，被光緒皇帝「留」的黃思永奏摺，軍機處當天就將其原件及光緒的處理意見上呈慈禧了。茅書並做了統計：從四月二十三日至八月初五日，軍機處一共向慈禧上呈了摺、片、呈、書等，共計四百六十二件。對此，茅海建認爲：名爲歸政的慈禧可以看到百日維新的重要奏摺，包括軍機處都無法看到的「留中」的摺件，基本上都送到了慈禧手中。[54]

慈禧太后雖然可以充分掌握新政的內容，但是慈禧太后對變法基本上是抱持觀望的態度，對於光緒皇帝與變法派的改革，並沒有反對與阻礙。目前可知慈禧太后對光緒皇帝的決策表達不滿意見的例子，應該就是「禮部六堂官事件」。

(二)禮部六堂官事件

百日維新的雷厲風行，引起了保守官僚的不滿；尤其是裁減舊機構一事，影響了傳統官僚的前途，因此反彈的聲浪自然也越來越烈。對於官僚的消極抵制與積極反對，光緒皇帝也不假辭色，給予反擊。

七月初十，光緒皇帝對於辦理新政不力的兩江總督劉坤一、兩廣總督譚鍾麟，給予了嚴厲的指責，光緒皇帝在上諭中說道：

近來朝廷整頓庶務，如學堂、商務、鐵路、礦務一切新政，疊經諭令各將軍督撫，切實籌辦，並令將辦理情形，先行具奏。該將軍督撫等，自應仰體朝廷孜孜求治之意，內外一心，迅速辦理，方爲不負委任。乃各省積習相沿，因循玩愒，雖經嚴旨敦迫，猶復意存觀望，即如劉坤一、譚鍾麟總督兩江、兩廣地方，於本年五、六月間諭令籌辦之事，並無一字覆奏，迨經電旨催問，劉坤一則藉口部文未到，一電塞責；譚鍾麟且並電旨未覆，置若罔聞。該督等皆受恩深重、久膺疆寄之人，泄沓如此，朕復何望？倘再藉詞宕延，定必予以嚴懲。直隸距京咫尺，榮祿於奉旨交辦各件，尤當上緊趕辦，陸續奏陳。其餘各省督撫，亦當振刷精神，一體從速籌辦，毋得遲玩，至干咎戾。[55]

這是對兩江總督劉坤一、兩廣總督譚鍾麟的申斥，並且督促榮祿及其他督撫，認眞辦理新政。

光緒皇帝與官僚們的正式衝突，是七月十九日將禮部六堂官免職的事件。事情的起因，是由於禮部主事王照（小航），上書請求皇上遊歷日本及各國，又請立教部以扶翼聖教，結果禮部尙書許應騤等人不肯代遞，王照即具呈劾其堂官阻遏，到堂親遞，且謂「如不遞，吾當往都察院遞之」，禮部尙書懷塔布等人不得已，乃允其代奏。隨後，禮部尙書許應騤又上書劾王照咆哮署堂，藉端挾制。[56]面對禮部堂官與該部主事王照的衝突，光緒皇帝於七月十九日硃筆諭：

朕近來屢次降旨，戒諭群臣，令其破除積習，共矢公忠，並以部院司員及士民，有上書言事者，均不得稍有阻格。原期明目達聰，不妨芻蕘兼採，並藉此可覘中國人之才識，各部院大臣，均宜共體朕心，遵照辦理。乃不料禮部尚書懷塔布等，竟敢首先抗違，藉口於獻可替否，將該部主事王照條陳，一再駁斥，經該主事面斥其顯違諭旨，始不得已勉強代奏，似此故爲抑格，豈以朕之諭旨爲不足遵耶？若不予以嚴懲，無以儆戒將來。禮部尚書懷塔布、許應騤、左侍郎堃岫、署左侍郎徐會灃、右侍郎溥頲、署右侍郎曾廣漢，均著即行革職。至該主事王照，不畏強禦，勇猛可嘉，著賞給三品頂戴，以四品京堂候補，用昭激勵，特諭。[57]

爲了禮部堂官與王照的口角爭執事件，光緒皇帝竟然一口氣將禮部的兩個尚書、四個侍郎予以革職，顯然是以此事作爲對阻撓新政者的一種警告。

蘇繼祖《清廷戊戌朝變記》對此事記載道：「懷（塔布）尚書，守舊之無能者也，此番因人受累，深蒙太后憐之，召赴頤和園詳詢本末，令其暫且忍耐。而懷急欲作官，復有天津之行。諸公之淫於富貴，亦可嘆可憐矣。」[58]對於此事，慈禧太后似乎確實表示過不同的意見，據七月二十八日光緒皇帝給楊銳的上諭中說道：「如十九日之硃諭，皇太后已以爲過重，故不得不徐留之，此近來實在爲難之情形也。」[59]可見慈禧太后似乎認爲，光緒皇帝對懷塔布六人的處分過重。但是，梁啓超《戊戌政變記》所說：「懷塔布、立山等率內務府人員數十人環跪於西后前痛哭，而愬皇上之無道。又相率往天津就謀於榮祿，而廢立之議即定於此時矣。」[60]這種說法則過於聳動，不合情理。慈禧太后的關切，僅止於認爲「處分過重」而已，並未做進一步的表示，也未要求光緒皇帝將六堂官復職，甚至在戊戌政變發生之後，禮部六堂官也未官復原職。況且朝廷官員的晉用貶斥，本是常事，「帝師」翁同龢被罷黜，慈禧太后都沒有表示意見，因此慈禧太后或榮祿也不可能爲禮部六堂官被罷黜這種小事而策劃政變，意圖廢立。

但是，從另一個角度來說，對於光緒皇帝而言，若連禮部六堂官被罷黜的「小事」，慈禧太后都會有所關切的話，如果光緒皇帝要在朝廷推行更激進的「大事」，則慈禧太后的「關切」自然更爲強烈，可能爲光緒皇帝所無法承受。也許正因爲如此，康有爲、譚嗣同等人才會有「殺榮祿、兵圍頤和園」的計畫。

問題在於，更激進的「大事」是什麼？

本章小結

從本章的介紹中，我們可以知道，推動戊戌變法的關鍵人物，其性格都有若干的缺點。康有爲與譚嗣同，有著「急於求成」的心態，康有爲爲了達到宣傳變法的目的，撰寫了《孔子改制考》一書，說明孔子的偉大就在於孔子也主張變法改制，堯、舜、周文王等儒家崇奉的先聖先王，都是孔子虛構創作出來的人物，而康有爲論證的方式，則是「曲解證據，純任主觀」。譚嗣同則在《仁學》一書中，表達了他對傳統價值觀念與禮教倫常的不滿，一心想要「衝破網羅」，而且「不樂小成」。此外，康有爲、譚嗣同二人都具有世界主義的思想，這種思想可能源自於傳統中國的大一統觀念（譚嗣同曾引《春秋》大一統之義為根據）。在中國與現代西方國家接觸之後，中國人已經認知到中國只不過是世界各國中的一國，而且日趨衰落，國幾不國；然而傳統大一統的觀念卻又深入儒家士大夫之心，因此，將大一統觀念轉化為世界主義的理想，是當時知識份子如康有為、譚嗣同所採取的「調和中西」的辦法。但是這種世界主義的觀念，卻又容易落入西方與日本帝國主義者的圈套之中，戊戌變法後期，這些帝國主義者即以「借才」、「合邦」為名，讓這些具有世界主義的知識份子落入其陷阱之中。

光緒皇帝則是一個容易輕信人言並且感情用事的皇帝，在接觸到康有為的變法學說之後，便傾心於變法的主張，並且將不願積極變法的翁同龢罷免。光緒二十四年四月二十三日，光緒皇帝正式下詔更新國是，開始了變法維新。在變法維新的三個多月當中，各種政策紛然而出，中央與地方都有一些反對的聲浪。光緒皇帝對地方大員如兩江總督劉坤一、兩廣總督譚鍾麟痛加斥責，對中央官員如禮部六堂官則加以免職，再加上裁減了許多舊機構，引起朝中人心惶惶是可想而知的。在變法運動面臨了如此多的問題之際，光緒皇帝與變法派官員卻又另起「借才」、「合邦」之議，奔車朽索，豈不危哉？

新政策的推行，原是富國強兵、利國利民的美事，慈禧太后曾經推動過洋務運動，促成了同治中興，對於變法改革應該是可以接受的。我們在戊戌變法的過程中，也並未看到慈禧太后表現出任何反對新政的舉動。梁啓超以「翁同龢被黜」、「二品以上官員授職者須赴皇太后處謝恩」、「太后親信榮祿擔任直隸總督」等事作為慈禧太后阻撓變法的依據，但是「翁同龢被黜」可能與康有為有關，非出於慈禧之意；「二品以上官員授職者須赴皇太后處謝恩」、「榮祿擔任直隸總督」則未必出自慈禧之意，也可能是光緒討好慈禧之舉；即使這兩件事是出自慈禧之意，也不能證明慈禧反對變法。慈禧太后最後發動政變結束變法，應該另有更重要的原因。

第四章　戊戌政變

光緒二十四年四月，光緒皇帝下詔更新國是之後，戊戌變法運動開始積極的進行。變法派因爲「急於求成」，在短期間內推行了相當多的新政，保守反對者則因爲利益受損而心懷不滿，因此當時的北京政局，並不能說是完全平靜無波，但是也還不至於惡化到引起政變的地步。究竟是什麼原因導致了政變的爆發？本章將由光緒二十四年七月份逐漸出現的「借才」、「合邦」聲浪，以及變法派所預謀的「兵圍頤和園」計畫，來探討慈禧太后發動政變的眞正原因。

一、「借才」與「合邦」之議

㈠何謂「借才」、「合邦」？

所謂「借才」，很明顯就是要借用外國人的力量來推動中國的變法事業，在中國的春秋戰國時代已有這種說法，李斯呈奏給秦始皇的〈諫逐客書〉中所說「泰山不辭土壤，故能成其大；河海不擇細流，故能成其深」，更成爲君主應該包容各國人才的名言。清代以來，康熙時用傳教士南懷仁、湯若望等人爲清朝制訂曆法；咸豐同治時期，則重用華爾、白齊文、戈登等外籍軍官平定太平天國之亂。尤其在洋務運動推展的過程中，英人赫德主管中國的海關總稅務司，法人日意格、德克碑擔任福州馬尾船政局的正、副監督，英人琅威理則爲北洋海軍的顧問，這些都是近代中國「借才」於外國的例子，因此在當時，這種說法並不稀奇。不過，值得注意的是，甲午戰爭之後，開始有人主張清朝的中央決策階層，也應該採取「借才」的方法，聘用西方人來管理中國的政治。本書第二章第三節曾提到，英國傳教士李提摩太（Timothy Richard）曾於甲午戰後撰有〈新政策〉一文，文中便主張中國應該將外交、新政、鐵路、借款、報紙、教育等權力，皆交由西人掌管，顯然是想要以聘用西方人才之名，行攘奪中國政權之實。這種情形，是我們必須加以留意的。

所謂「合邦」，這一名詞源自日本，日本眾議院議員森本藤吉，在明治二十六年（一八九三）發表《大東合邦論》一書，該書在岡本監輔所撰的序文中，開宗明義地引用森本藤吉的話說道：「今日急務，莫如合我與朝鮮爲一大聯邦，著一書曰《大東合邦論》。」[1]香月恕經則在序文中進一步指出：「夫所謂虎狼無飽者，今日歐人之狀也；東邦合和，折衝禦侮，固爲當今之急務，雖以韓人之頑冥，若一念及今日之形勢，則必將悚然而懼，翻然而悟者矣。」[2]森本藤吉則解釋提倡合邦的理由：

> 國人嘗有唱征韓論者，夫戰而取之，則必疲靡國力，以買其怨。論者知之，而猶欲取之者，恐外人據此地也。今協議以合之，其爲大幸。果何如也？蓋持大公以合之，則我不用兵而取朝鮮也，朝鮮亦不用兵而取日本也，一將之功不成，而萬人之骨則無枯矣。以費于兵爭之資，誘朝鮮之開明，則是不買怨而樹德也。合邦豈日本之不利哉？[3]

從森本的這段話中，我們可以看出森本認爲以軍事力量占領朝鮮，是「疲靡國力，以買其怨」的吃力不討好之舉；若是採用合邦的辦法，則可不費一兵一卒，「誘朝鮮之開明」，達到控制朝鮮的目的。顯然森本藤吉是主張採取這種方式，取代傳統軍事上的占領征服，達到兼併朝鮮的目的。所以說穿了，「合邦」只不過是藉團結合作之名，達到侵略兼併的目的，是日本野心家對朝鮮的政治宣傳口號而已。

爲了要達到「合邦」的宣傳效果，森本在《大東合邦論》之中還敘述了外國實施合邦的經驗與方法。森本說道：「凡邦國聯合，有以事相合者，有以君相合者，有以邦相合者，有以主權相合者。」[4]森本並進一步分析這四種合邦的方式：

以事相合者，「事盡而盟自滅，會盟之國是也。……周代五霸之會盟，六國之合縱，亦類此。……昔時希臘之數邦，各異其政體，以保希臘一國，亦以事相合者也。」[5]這一類型的合邦，比較接近現代所謂的「聯盟」。

以君相合者，「昔時英國奉荷蘭王以爲君，英國王亦嘗兼治亞諾威爾，波蘭國嘗奉俄君，俄君兼波蘭王之號，唐太宗亦嘗兼天可汗之號，現今諾威（挪威）國奉瑞典王，匈牙利國奉墺（奧地利）君，是等皆以君身相合者也。」[6]這是因爲由一個國王擔任多個國家的君主所產生的合邦。

以邦相合者，「獨逸（德國）聯邦，是爲以國相合者。而其相合也，無損各邦自主自治之權。」[7]這是指許多國家共同結合成爲一個國家。

以主權相合者，「如不列顛是也，其國以蘇格蘭、愛爾蘭、英吉利三邦相合。而其主權行於內者與行於外者，與君位制法，皆歸合成統一之國，故其制與獨（德國）、瑞（瑞士）別也。北米合眾國（美國）亦合成之國。」[8]這一類型的合邦，中央政府的權力較大，如英國、美國是也。

森本藤吉如此詳細的解釋說明，其目的不外乎強調合邦在西洋各國乃十分常見之事，誘使朝鮮人士放下戒心，既然要西化改革，就不要排斥合邦，最後達到日本兼併朝鮮的最後目的。

實際上，日本政府內部對於「合邦」的解釋則有所不同。日本在兼併韓國之前，明治四十二年（一九〇九）時，內閣曾有一份《國家結合及國家併合類例》的研究報告。這份報告分成「國家結合」與「國家併合」兩部分，對於這兩種用詞則有如下的分析：

所謂「國家結合」，分成四種：1.因同君主之合同，這是因為一個君主「偶然的」同時擔任兩個國家的君王，所造成的國家結合。如荷蘭與盧森堡自一八一五年至一八九〇年，即在同一個君主的統治之下；奧國與匈牙利在一八六七年以前也是屬於這種例子。2.作為國際法主體的同君合同，此謂兩國合同之後在國際法上具有單一人格，如奧匈帝國在一八六七年之後即是。3.聯邦，如德國（獨逸），在一八一五年之後形成日耳曼聯邦，一八六六年普奧戰爭後又組成的北日耳曼聯邦，實施關稅同盟，為日後合併成德意志帝國打下基礎。4.集合國，即由數國或數邦組成，如美國、德國。[9]

所謂「國家併合」，在形式上，包括將被併合的國家全部併合成為自己國家的一部分，如義大利中部各邦成為義大利王國的一部分，愛奧尼亞島成為希臘的一部分。又蘇格蘭與愛爾蘭，則是在被合併成為英國的一部分之後，本身還保有特別的制度。國家併合還包括殖民地或屬領地的征服，如比利時占領剛果、英國占領德蘭士瓦（Transvaal，位於今南非東北部）、法國占領馬達加斯加島、美國占領夏威夷（布哇）群島等。有些地區雖然已經被併合成爲殖民地，但是仍保留屬國、保護國的名義，如英國統治下的印度。[10]

至於國家併合的方式，則包括了「漸次的併合」，亦即花費了較多時間才達到併合的目的，如蘇格蘭與愛爾蘭被英國併合，印度土邦被英國併合是也。又有「依一時的平和手段之併合」，如愛奧尼亞島於一八六四年與希臘簽訂合併條約達成合併；剛果於一九〇七年比利時通過殖民地法案後成爲比利時之殖民地；夏威夷群島於一八九八年與美國簽訂併合條約而被美國合併；義大利中部各邦於一八六〇年以公民投票的方式同意併入義大利。又有「依一時強力的手段之併合」，如德蘭士瓦與奧倫治自由國（Orange Free State）於一九〇二年「波耳戰爭」（The Boer War）中戰敗，被迫與英國訂約成爲殖民地；馬達加斯加島於一八八五年與法國簽訂保護條約，允許法國處理其外交事務，又於一八九六年由法國宣布馬達加斯加島成爲其殖民地；克拉科夫（Cracow）自由市則是在一八四六年由俄國、普魯士、奧地利三國達成決議，將克拉科夫併入奧國。[11]

「國家結合」與「國家併合」最大的不同，在於國家結合的過程中，各國（邦）的地位是平等的，共同結合成爲一個國家。而國家併合則是強國併吞弱國，成爲該強國的一部分或殖民地。在日本兼併韓國的過程中，「合邦」與「併合」兩詞經常混用，如「日韓合邦」，也被稱爲「韓國併合」。可見日本所說的「合邦」，實際上是「併合」而非「結合」；也就是用「合邦」這一種比較中性的名詞，來包裝「併合」的野心。

日本在韓國的侵略行爲，在朝鮮國王李熙於光緒二十二年初逃往俄國公使館，受俄國保護之後，暫時受到了挫敗。但是，日本人卻將「合邦」這一套說詞，轉而用於中國。據康有爲《自編年譜》所說，光緒二十四年四月戊戌變法開始之前，「時與日本矢野文雄約兩國合邦大會議，定稿極詳，請矢野君行知總署答允，然後可大會於各省，而俄人知之，矢野君未敢。」[12]可見當時的康有爲已經受到日本人的影響，準備與日本駐華公使矢野文雄召開「合邦大會議」了。矢野文雄其人，明治十一年（一八七八）在福澤諭吉的推薦之下，進入大隈重信主政的大藏省任官，明治十四年（一八八一）與大隈重信一起參與了「改進黨」的成立工作，隨後進入「報知新聞」工作，明治十六年（一八八三）因爲寫了政治小說《經國美談》而知名，明治二十三年（一八九〇）又寫了幻想冒險小說《浮城物語》，不久在伊藤博文的推薦之下，再度進入政界，明治三十年（一八九七）被任命爲日本駐中國公使。[13]由此可見，矢野文雄與大隈重信、伊藤博文等日本政界元老關係深厚。康有爲「合邦大會議」的構想，很可能是矢野文雄從日本「進口」到中國來的。康有爲與矢野文雄計畫召開兩國合邦大會議，預備「大會於各省」，在各省舉辦集會討論「合邦」的計畫，顯然是想利用社會輿論的力量，進而影響朝廷，「由下而上」達成「合邦」的目標。

除了康有爲有意與矢野文雄召開「合邦大會議」之外，康有爲的弟子梁啓超創辦的大同譯書局，也翻譯了森本藤吉《大東合邦論》一書，並改名《大東合邦新義》，於光緒二十四年二月出版，梁啓超並爲此書作序。[14]可見康有爲與矢野文雄計畫召開「合邦大會議」，絕非孤立事件，而是有計畫的推動「合邦」之「理想」。

(二)伊藤博文來華時的「借才」之議

光緒二十四年七月，主張「借才」的議論開始出現。七月二十四日，刑部主事洪汝沖上書光緒皇帝，提出了遷都、借才、聯邦三策，認爲是變法自強的本原大計。這份奏摺中，洪汝沖除了主張遷都於荊襄之外，對於「借才」一策，洪汝沖主張：

> 我朝康熙時，曾用南懷仁、湯若望改修時憲，同治時曾用英將戈登等助克蘇州，而美將華爾德、法將勒伯勒東達爾等，尤以死綏報國。近則船政製造之廠、兩洋海陸之軍、同文方言之館、海關稅務之司，無不延聘遠人，聿昭成效。然此乃迫於外交，或資教練，不得不然。至如內政重臣，則外人從無干預。職以爲不倣行西法則已，苟倣行西法，則一切內政，尤當廣聘東西各國名士，畀以事權，俾資贊助，收效必宏。[15]

可見洪汝沖主張由「東西各國名士」來管理中國內政，並且「畀以事權」。洪汝沖接著提到了他心目中的人選：

甲午之役，則伊籐、陸奧，名震寰區。近日伊藤罷相，將欲來遊，藉覘國是。皇上如能縻以好爵，使近在耳目，博訪周咨，則新政立行。[16]

洪汝沖認爲甲午戰爭時期的日本首相伊藤博文與日本外相陸奧宗光，不僅在日本聞名，也是世界知名的人物，然而陸奧宗光已於前一年（光緒二十三年，一八九七）因肺結核病去世，因此洪汝沖的理想人選，是剛剛卸任日本首相職位的伊藤博文。不過，洪汝沖認爲伊藤的作用在於供皇上「博訪周咨」，似爲顧問性質，與前述「畀以事權」不同。不過，若說洪汝沖不反對將中國的行政權交到外國人的手上，應不爲過。而與洪汝沖之意見相近者，又有總理衙門章京李岳瑞主張「用客卿」[17]。

洪汝沖的第三策爲「聯邦」，洪汝沖說道：

爲日本者，所親宜無過中國。……此事若在歐西，即合爲一國，亦不爲怪，挪威以合於瑞典而得自存，匈牙利以合於奧地利而以不滅，他如意、德以眾國合成而稱帝制。……中國之自強，惟在日本之相助。[18]

可見洪汝沖的聯邦主張，實際上就是中日兩國合併。洪汝沖並舉挪威、匈牙利等國併於大國，以及德國、義大利諸小邦合爲一國的例子，來說明「聯邦」的好處。洪汝沖希望藉由重用東西各國之士（尤其是伊藤博文）並「畀以事權」，甚至最後與日本「合爲一國」。實際上若此一計畫果眞實現，中國的行政權將置於日本人的控制之下，淪爲殖民地的地位。

也許這只是洪汝沖閉門造車的書生學究之見。光緒皇帝在接獲此一奏摺後有何反應，我們不得而知。不過，洪汝沖曾經提到，伊藤博文「將欲來遊」，似又爲日後的發展預留伏筆。兩天後，伊藤博文抵達中國。

伊藤博文在光緒二十四年七月二十六日（陽曆九月十一日）抵達天津後，於二十七日（九月十二日）上午九點鐘拜謁直隸總督榮祿，相談一小時之久。當天下午六點鐘，榮祿在北洋醫學堂設宴款待伊藤博文一行，在座包括了直隸按察使袁世凱、直隸提督聶士成等人。[19]伊藤的隨員森泰次郎，特地賦詩一首，題爲〈榮中堂北洋醫學堂讌集，恭賦紀盛，兼呈袁慰廷廉訪〉，贈與直隸按察使袁世凱。其詩曰：

旌旗津口夕陽開，鼓樂清秋共舉杯，喜廁冠裳盍簪集，待看琴瑟改絃來，西崑北漢今同軌，東箭南金盡異材，最是推袁多駿骨，明朝攜手上燕台。[20]

這一首詩頗值得加以推敲，森泰次郎一方面吹捧袁世凱「最是推袁多駿骨」，一方面又曖昧的說要「明朝攜手上燕台」。袁世凱是直隸按察使，並且在小站練兵，日本人要與袁世凱「攜手上燕台」做些什麼？這首詩中，似乎隱藏著不少的隱喻與暗示。伊藤博文在天津盤桓數日後，於七月二十九日抵達北京。

此外，伊藤博文來到中國之時，康有為也邀請李提摩太自上海來到北京。按照本書第二章第三節的介紹，李提摩太曾於光緒二十一年甲午戰後，撰有〈新政策〉一文，主張中國應該將外交、新政、鐵路、借款、報紙、教育等權力，皆交由西人掌管，想要以聘用西方人才之名，行攘奪中國政權之實。當時李提摩太並未得到翁同龢等朝廷大員的重視，但卻認識了剛剛考取進士、主張變法改革的康有為。三年後，在康有為大力進行變法革新的時候，突然將李提摩太邀至北京，動機為何？殊堪玩味。李提摩太建議康有為：鑑於伊藤博文已經使日本變成一個強盛的國家，對中國政府來說，最好的辦法就是請伊藤擔任皇帝的顧問。康有為則希望李提摩太擔任光緒皇帝的另一位外國顧問。[21]李提摩太抵達北京後，與伊藤博文住在同一所旅館，並與伊藤博文的祕書津田先生（Mr. Tusda）進行了長談。[22]李提摩太推薦伊藤擔任中國的顧問，兩人又住在同一旅館，可見兩人關係非常密切。而康有為心目中的兩個外國顧問，便是李提摩太與伊藤博文。因此日後李提摩太向康有為提出的種種建議與計畫，伊藤博文應該知情甚至參與其中。

正好在伊藤博文抵達北京的同時，傳出了光緒皇帝要「開懋勤殿」的消息。據梁啓超《戊戌政變記》的記載：

七月廿八日，決意欲開懋勤殿，選集通國英才數十人，並延聘東西各國政治專家共議制度，將一切應興應革之事，全盤籌算，定一詳細規則，然後施行。[23]

所謂開懋勤殿，除了延聘本國人才之外，還包括要延聘東西各國的政治專家，來共商新政大局。

在光緒皇帝決意要開懋勤殿的前後，變法派的官員們紛紛上書光緒皇帝，請求重用伊藤。例如七月二十六日，戶部候補主事聶興圻奏請「設客卿以奔走外臣」，要求光緒皇帝「知會歐美各國，其有賢能願客仕我中國者，即以客卿之位尊顯之。如此，則彼爲我盡其才能，斯新政更易成矣。」[24]七月二十九日，宗人府主事陳懋鼎奏言：「竊惟日相伊藤博文，早年遊歷各國，深通政學，歸國後佐日皇開新局。其挽回積習，創立憲法，具有過人之才識。現以相臣退位，來遊中國。……皇上於其進見時，宣中國和睦之誼，詢彼國變革之序，於內政外交，兩有裨益。」[25]八月初三日，江蘇松江府知府濮子潼亦奏言：「聞伊藤博文現因遊歷來都，擬請皇上優以禮貌，飭總理王大臣密問彼國維新諸政。」[26]平心而論，日本的明治維新，較之中國的自強運動來得成功，而伊藤博文即是明治維新的中心人物。因此，若不深究甲午戰爭的仇恨，伊藤的確能爲推行變法的中國官員們提供借鑑。因此，陳懋鼎希望光緒皇帝「詢」彼國變革之序，濮子潼希望朝廷「密問」彼國維新諸政，是可以理解的。尤其在陳懋鼎與濮子潼的看法中，伊藤的角色是被動的被「詢」、「密問」，屬於顧問性質，並非將國家行政權交於伊藤之手，因此陳、濮二人的建議也無可厚非。其他類似的奏摺，如工部郎中福潤於八月初三奏言：「現聞伊藤博文遊歷已至天津，如到京時，可否飭下總理各國事務衙門大臣、大學堂管學大臣、農工商總局總辦前往面詢明治維新一切學堂、礦務、農工商局創辦規模，即將接談得失各情，詳晰繕單，恭呈御覽，以備采擇。」[27]戶部學習主事陳星庚，則主張「聯與國以借人才」、「商請英國政治家數人，聘訂來華，以備諮詢而資輔理。」[28]直隸候補知縣謝希傅，亦奏請趁日本伊藤博文來華之時，派員加以諮訪。[29]總之，借用外國人才的言論，在伊藤博文來華之後，成爲官僚們上奏的熱門話題。

不過，有些人的建議就大有問題。例如貴州舉人傅夔，主張用伊藤爲中國宰相。傅夔上書奏言：「日人素尚義氣，喜功名，既無異種之嫌，復有同洲之患，今伊藤之來，苟樂爲相助，於我誠便，……且臣所以請皇上留相伊藤者，近世歐洲多有此例，以爲美談，不以本國乏才爲恥。」[30]八月初四，候選郎中陳時政亦上奏：「頃又聞日本伊藤，罷相來遊中土，已至京師，將蒙召見。……如果才堪任使，即可留之京師，著其參預新政，自於時局更多裨益也。」[31]這也是要求光緒皇帝讓伊藤博文參與新政。此一類的說法明顯大有問題，用伊藤博文當中國宰相或參與新政，不但有失國體，而且將國家大權交於外人之手，恐有不測之患。

就在伊藤博文抵華，光緒皇帝準備開懋勤殿，變法派官員紛紛上書請求「借才」之際，《國聞報》八月初二日載：「近日又有擬開懋勤殿，令三品以上保舉人才，召見後派在懋勤殿行走，以備顧問之說。聞數日內，當即有明發諭旨矣。」[32]可見在不久之後，光緒皇帝將對開懋勤殿、聘用東西各國政治專家之事有所決定。而變法派官員所積極推薦的外國人才，則是日本前首相伊藤博文。

(三)「借才」之議的反對者

由於有人提倡重用伊藤博文，因此引起了一些官員的警惕。八月初三，廣西道監察御史楊崇伊即上書慈禧太后，楊崇伊說道：

> 掌廣西道監察御史臣楊崇伊跪奏：為大同學會蠱惑士心、紊亂朝局、引用東人，深恐貽禍宗社，籲懇皇太后即日訓政，以遏亂萌。……風聞東洋故相伊藤博文，即日到京，將專政柄。臣雖得自傳聞，然近來傳聞之言，其應如響。依籐果用，則祖宗所傳之天下，不啻拱手讓人。[33]

由楊崇伊的奏摺中，我們可以看出，在伊藤博文抵達北京之後，有些官員建議以伊藤爲顧問，有些人則主張重用伊藤，甚至用爲宰相，因此造成各種「傳聞」甚囂塵上的情形。而楊崇伊則堅決反對重用伊藤，認爲伊藤如果「專政柄」，則「祖宗所傳之天下，不啻拱手讓人。」這種言詞，不可謂不激烈矣。

慈禧太后在八月初三收到楊崇伊的奏摺之後，會有何反應？楊崇伊所奏之「傳聞」，事關大清朝的存亡，「祖宗所傳之天下，不啻拱手讓人」一語，也令人驚心動魄；可是重用伊藤的說法，仍然只不過是某些官員的意見與官場上的傳聞，爲此而貿然干預變法，也失之草率。因此，慈禧太后比較謹慎的作法，首先是加強掌握各種與新政有關的奏摺。茅海建先生指出：八月初三，軍機處給慈禧太后的奏片中，出現了政治權力的異常，該奏片內容爲：

本日陳兆文奏保舉人才片，奉明發諭旨一道。閔荷生奏請將會館改學堂片、耿道沖奏請設保險公司摺，又二十七日胡元泰請清教案呈、宋汝淮條陳礦務河工呈，均簽擬辦法，恭呈慈覽，俟發下後，再行辦理。總理衙門代遞張元濟條陳摺一件、户部代遞閔荷生、耿道沖條陳摺各一件、濮子潼條陳摺片各一件，均奉旨存。都察院代遞桯格等摺呈，俟擬定辦法，再行簽呈慈覽。謹交陳兆文等各原摺、片、呈并昨日因應行鈔錄未及呈遞之孫家鼐、閻普通武、陳季同、金蓉鏡、綦翔雲、霍翔各原摺恭呈慈覽。謹奏。[34]

對此，茅海建先生解釋道：光緒帝收到的奏摺分成兩類：有上奏權的衙門或官員的摺件，仍由光緒帝硃批、下旨；而沒有上奏權的司員士民之摺件，則交到軍機處進行「酌議」，提出處理意見後，再送光緒帝，有如內閣之「票擬」。而負責處理後一類摺件的，正是於七月二十日奉命「參預新政」的四名新任軍機章京楊銳、劉光第、林旭、譚嗣同。[35]因此，茅海建先生認爲八月初三之後政治權力的變化，是原來由軍機處簽擬意見而交光緒帝決定的司員士民上書，從此移交到慈禧太后的手中。茅海建先生並引用

《鄭孝胥日記》八月初五記林旭之語：「上勢甚危，太后命新章京所簽諸件，今日悉呈太后覽之。」作爲旁證。[36]

此外，慈禧太后爲了進一步掌握光緒皇帝與變法派官員的意向，直接觀察光緒皇帝以及決策核心官員的看法，因此在八月初四，由頤和園返回紫禁城。關於慈禧太后八月初三決定於次日（初四）回到紫禁城的細節，茅海建先生根據內務府《雜錄檔》（頤和園）的記載：

八月初三日，總管宋進祿等爲本月初四日聖母皇太后還西苑，所用引導、跟隨、關防官員人等照例派出，並所用牽騾甲人等照例預備。……於八月初六日還頤和園。所傳引導、跟隨車輛於是日寅初在福華門外預備。[37]

由此可見，八月初三慈禧太后決定次日（初四）回紫禁城西苑時，應該還沒有「政變」的打算，否則「政變」一旦啓動，慈禧太后就必須留在紫禁城中控制政局，怎麼可能再回頤和園？慈禧太后將返回頤和園的日期訂在八月初六，我們可以推想，慈禧太后當時大概只是想要在光緒皇帝接見伊藤博文前後，對光緒皇帝加以告誡，不要對「借才」之事沖昏了頭，在紫禁城待兩天之後，就要於初六返回頤和園了。

反對重用伊藤博文的奏摺，還有八月初四當天，翰林院編修記名御史黃曾源的上奏：「今我爲日本所窘辱，而即用日相伊藤。伊藤賢也，必不爲我盡力；伊藤而不賢也，我又何所取而用之。伊藤非他，即據遼左、割台灣，索我二萬萬兵費之日相伊藤博文也。」[38]可見對於是否重用伊藤博文？如何重用？朝廷官員的意見眾說紛紜，贊成反對者皆有。而傾向於變法派的官員，則比較偏向贊成「借才」的主張。

二、政變前後

(一)譚嗣同密會袁世凱

光緒二十四年七月二十六日，變法派官員署禮部右侍郎徐致靖，上書光緒皇帝，保薦當時在小站練兵的直隸按察使袁世凱。徐致靖在奏摺中說道：

袁世凱昔使高麗，近統兵旅，謀勇智略，久著於時。然而官止臬司，受成督府，位卑則權輕，呼應不靈，兵力不增，皆爲此故。臣以爲皇上有一將才如袁世凱者，而不能重其權任以成重鎭，臣實惜之。伏乞皇上深觀外患，俛察危局，特於召對，加以恩意，並予破格之擢，俾增新練之兵。或畀以疆寄，或改授京堂，使之獨當一面，永鎮畿疆。[39]

光緒皇帝收到徐致靖的奏摺之後，隨即下詔命令袁世凱來京陛見。

七月二十八日（九月十三日），光緒皇帝賜楊銳密詔：

> 近來朕仰窺皇太后聖意，不願將法盡變，並不欲將此輩老謬昏庸之大臣罷黜，而登用英勇通達之人，令其議政，以爲恐失人心。雖經朕屢次降旨整飭，而並且有隨時幾諫之事，但聖意堅定，終恐無濟於事。即如十九日之硃諭（按：即禮部六堂官被罷黜之事），皇太后已以爲過重，故不得不徐留之，此近來實在爲難之情形也。……今朕問汝，可有何良策，俾舊法可以漸變，將老謬昏庸之大臣盡行罷黜，而登進英勇通達之人，令其議政。使中國轉危爲安，化弱爲強，而又不致有拂聖意。爾等與林旭、譚嗣同、劉光第及諸同志等妥速籌商，密繕封奏，由軍機大臣代遞，候朕熟思審處，再行辦理，朕實不勝緊急翹盼之至。特諭。[40]

七月二十八日，正是光緒皇帝提出要開懋勤殿，延聘東西各國政治專家參與新政的時候，可能慈禧太后對此事表示質疑，使得光緒皇帝覺得慈禧太后「不願將法盡變，並不欲將此輩老謬昏庸之大臣罷黜，而登用英勇通達之人，令其議政」，因此光緒皇帝要楊銳、林旭、譚嗣同、劉光第等人「妥速籌商，密繕封奏」。不過光緒皇帝的意思，可能並不是要「殺榮祿，兵圍頤和園」。如果是這種重大事件，光緒皇帝不會要楊銳等人的奏摺「由軍機大臣代遞」，更不會在上諭中說「又不致有拂聖意」。可見光緒皇帝只是想要楊銳等人提供更具說服力的說帖，來說服慈禧太后。不過，譚嗣同的心裡可能不是如此打算。楊銳在七月二十八日寄給其弟的書信中，說道：「不久朝局恐有更動，每日條陳，爭言新法，率多揣摩迎合，甚至有萬不可行之事。」[41]譚嗣同將這篇上諭加以「揣摩迎合」之後，卻得到了要進行「萬不可行之事」的結論。

七月二十九日（九月十四日），袁世凱抵達北京。並在八月初一（九月十六日）接受光緒皇帝召見，光緒皇帝於當日授袁候補侍郎。八月初二（九月十七日），袁世凱進宮謝恩，再度面見光緒皇帝，光緒皇帝告袁：「人人都說你練的兵、辦的學堂甚好，此後可與榮祿各辦各事。」[42]暗示袁世凱可以不再受直隸總督榮祿的節制。

八月初三（九月十八日）夜，軍機章京譚嗣同密訪袁世凱，說以誅殺直隸總督榮祿等事。康有爲在《自編年譜》中說：「（吾）乃屬譚復生入袁世凱所寓，說袁勤王，率死士數百扶上登午門而殺榮祿，除舊黨。」[43]可見譚嗣同是受到康有爲的指示。根據袁世凱〈戊戌日記〉所述，譚嗣同來訪後，與袁世凱略作寒暄，然後對袁感嘆說道：「外侮不足憂，大可憂者內患耳。」袁世凱問其故，譚嗣同說：「公受此破格特恩，必將有以圖報，上方有大難，非公莫能救。」袁世凱問道：「予世受國恩，本應力圖報稱，況己身又受不次之賞，敢不肝腦塗地，圖報天恩？但不知難在何處？」譚嗣同說：「榮某近日獻策，將廢立弒君，公知之否？」袁世凱答道：「在津時常與榮相晤談，察其詞意，頗有忠義，毫無此項意思，必係謠言，斷不足信。」譚嗣同說：「公磊落人物，不知此人極其狡詐，外面與公甚好，心內甚多猜忌。」譚嗣同將榮祿批評一番之後，出示一份上奏光緒皇帝的奏摺草稿，內容爲：

榮某謀廢立弒君，大逆不道，若不速除，上位不能保，即性命亦不能保。袁世凱初五請訓，請面付硃諭一道，令其帶本部兵赴津，見榮某，出硃諭宣讀，立即正法。即以袁某代爲直督，傳諭僚屬，張掛告示，布告榮某大逆罪狀，即封禁電局鐵路，迅速載袁某部兵入京，派一半圍頤和園，一半守宮，大事可定。如不聽臣策，即死在上前。

袁世凱見之大驚，問曰：「圍頤和園欲何爲？」譚嗣同回答：「不除此老朽，國不能保，此事在我，公不必問。」譚嗣同又說：「我僱有好漢數十人，並電湖南招集好將多人，不日可到，去此老朽在我而已，無須用公。但要公以二事，誅榮某，圍頤和園耳。」譚嗣同見袁猶疑不定，又出示光緒皇帝的硃諭，其內容大致如下：

朕銳意變法，諸老臣均不順手，如操之太急，又恐慈聖不悅，飭楊銳、劉光第、林旭、譚嗣同另議良法。

這份硃諭應該即是七月二十八日光緒皇帝給楊銳等人的硃諭。而譚嗣同所拿的是抄本，而非原本。因此袁世凱問：「此非硃諭，且無誅榮相、圍頤和園之說。」譚嗣同答道：「硃諭在林旭手，此爲楊銳抄給我看的，確有此硃諭。……諭內另議良法者，即有二事在其內。」譚嗣同最後說道：「自古非流血不能變法，必須將一群老朽，全行殺去，始可辦事。」袁世凱託言趕辦奏摺，請譚離去。[44]

袁世凱對譚嗣同的密謀，會作何感想？我們只能透過袁世凱以往的經驗，來看看袁世凱會作何判斷：

袁世凱最早嶄露頭角的經驗，即是在朝鮮敉平了日本人操控的甲申之變。甲申之變的過程，就是日本人與開化黨合謀「殺六大臣，兵圍景祐宮與昌德宮」。這與譚嗣同所說的「殺榮祿，兵圍頤和園」，不是十分類似嗎？

袁世凱在朝鮮十餘年，主要的交涉對手，即是當權的閔妃。袁世凱對於閔妃後來的遭遇，自然不會完全不知道。譚嗣同要袁世凱兵圍頤和園，然後譚嗣同另外派出「好漢、好將」多人進入頤和園「去此老朽」，這一過程，不是與乙未事變時日本守備隊控制皇宮宮門，而由刺客進入皇宮刺殺閔妃的過程如出一轍嗎？

袁世凱在七月二十七日，才在宴會中與日本前首相伊藤博文見過面，對於近來官場中「借才」的主張，也不會完全不知道。雖然袁世凱與伊藤博文同一天抵達北京，但是兩人各有行程。伊藤的隨員森泰次郎「明朝攜手上燕台」一語，究竟有何涵義？

袁世凱只要稍加思索，便可以明白，這些變法派官員，即是中國的開化黨；譚嗣同即是中國的金玉均與朴泳孝。如果袁世凱眞的執行了殺榮祿、兵圍頤和園的計策，則慈禧太后就要成爲乙未事變中的閔妃。換言之，中國即將步上朝鮮的後塵。

八月初五（九月二十日），光緒皇帝三度召見袁世凱，據袁世凱〈戊戌日記〉記載，袁世凱向光緒皇帝秉告：

古今各國變法非易，非有內憂，即有外患，請忍耐待時，步步經理，如操之太急，必生流弊。且變法尤在得人，必須有眞正明達時務、老成持重如張之洞者，贊襄主持，方可仰答聖意。至新進諸臣，固不乏明達猛勇之士，但閱歷太淺，辦事不能愼密，倘有疏誤，累及皇上，關係極重。總求十分留意，天下幸甚。臣受恩深重，不敢不冒死直陳。[45]

八月初三譚嗣同提出「殺榮祿，兵圍頤和園」的計畫後，袁世凱首先應該確認的，就是光緒皇帝是否知道譚的計畫。筆者推測：袁世凱八月初五晉見光緒時，可能用暗示的方式，試探光緒是否知情，而光緒皇帝的反應，應該是完全不知情。因此，袁世凱才向光緒皇帝說出上述的這段話，希望光緒皇帝「忍耐待時，步步經理」；對於年輕的新進諸臣，則要「十分留意」。

八月初五袁世凱晉見光緒之後，隨即離京返回天津。袁世凱在返回天津的路上，做出了最重要的決定。

袁世凱回到天津後，當晚即面見榮祿。據袁世凱〈戊戌日記〉所載：

抵津，日已落，即詣院謁榮相，略述內情，並稱皇上聖孝，實無他意，但有群小結黨煽惑，謀危宗社，罪實在下，必須保全皇上以安天下。[46]

可見八月初五晚上，袁世凱已將譚嗣同密謀殺榮祿、兵圍頤和園的大致情形，向榮祿稟告。袁世凱說「皇上聖孝，實無他意，但有群小結黨煽惑，謀危宗社，罪實在下」，可見袁世凱確認光緒皇帝並不知情，「殺榮祿，兵圍頤和園」只是譚嗣同等人謀危宗社的計畫。

㈡英日與俄國開戰的謠言

八月初，正是伊藤博文來到北京，許多朝廷官員正在討論是否應該「借才」的時候，在中國邊境卻傳來了英日兩國與俄國開戰的傳聞。黃彰健先生〈論戊戌政變的爆發非由袁世凱告密〉一文根據台北中央研究院近代史研究所所藏總理衙門光緒二十四年《收電檔》，整理出了八月上旬英國軍艦在塘沽、山海關附近活動的消息，以及在中國東北的盛京、金山等地流傳的英日俄已經開戰之傳聞。

八月初三，總理衙門收到北洋大臣直隸總督榮祿的三封電報，第一封電報稱：

初二日戌刻，接聶提督電稱：「昨下午六點鐘由營口來兵輪七艘，三隻泊金山嘴，四隻泊秦王島。風聞係英國兵艦，何以突來如此之多」等語。復於亥刻，又接該提督來電稱：「查沽子藥庫在塘泊（沽）南，現外國兵輪已泊塘泊（沽）口內，係在大沽子藥庫背後，相去太近，求飭羅鎮嚴加防備」各等情。除電飭羅鎮不動聲色暗爲防探，並一面派委黃道建筦密赴塘沽查探。特先電聞，務望詢明英使何事，即先電示。一俟黃道查覆，再行電達鈞署。祿。蕭，亥刻。

第二封電報稱：

頃電想達，復於子刻接李鎮大霆電稱：「頃據榆防袁統帶飛稟：『前電言洋河口、金山嘴來兵輪四艘，距岸二十里，查係英艇。復問來由，直謂俄國意甚不善，英廷特派來此保護中國』云云」。同時又接該鎮來電言：「復接袁統帶電稱：『今日來英國魚雷艇二、兵輪一，連前共計七艘，內有提督座船一艘，齊泊定遠砲台前面，離岸約八里許。』職鎮准於初三日搭車赴關」各等情。查俄國現在並未開釁，該兵船所稱俄意不善、來此保護等語，不知何所見而云然？抑或他國揑稱英船，均不可知。特此電聞。祿。江，子刻。

第三封電報稱：

昨據聶提督電稱：「外國兵輪泊入塘沽口內」，當派黃道建筦密往探視。頃據覆電稱：「職道已於初二日到塘沽，詳查口內，並無英兵船。塘沽只泊日本兵船一艘，查係前兩月所來。現口外亦無兵船」等情。除一面電飭大沽砲台、山海關各口確實查探究竟何項兵輪？共有幾艘？現泊何所？俟查覆到時，再行電聞。祿轉。江，午刻。[47]

根據這三封電報，顯示八月初一時，有英國軍艦七艘出沒於金山嘴、秦王島（秦皇島）附近，八月初二又出沒於塘沽、榆關（山海關）附近，英國軍艦人員並告訴清朝駐榆關人員：「俄國意甚不善，英廷特派來此保護中國。」可見英俄兩國似乎有在中國境內爆發衝突的可能。

由於英國兵艦來意不明，因此北洋大臣直隸總督榮祿調動軍隊，預作戒備。袁世凱即在譚嗣同前來密會之前，接到榮祿的命令。據袁世凱〈戊戌日記〉記載：「（初三）將暮，得營中電信，謂有英兵船多隻，游弋大沽海口。接榮相傳令，飭各營整備聽調，即回寓作復電。適有榮相專弁遺書，亦謂英船游弋，已調聶士成帶兵十營來津，駐紮陳家溝，盼即日回防。」[48]可見英國兵艦出沒之事，榮祿認爲頗不尋常，故調動軍隊，以備不測。

此外，八月初三日，盛京將軍依克唐阿也電告總理衙門：

昨金州副都統壽長電稱：「日内傳聞英日俄在海參威開仗，旅大兩口俄人頗形慌亂。昨派人密往大連灣探試，頃又據回稱，果見俄國鐵甲船一隻，受砲彈甚重，開仗之説，眾口紛紜。查海參崴與琿春接壤，該三國果在該處開仗，中國固處局外，然亦利害所關，似未可置之度外」等語。當電准吉林查覆，毫無見聞。密電琿春派人偵探。後又據壽長電稱：「探明金州城外，南營房所屯俄兵業已奉調開拔，聞係會同旅大兩口俄兵，赴海參威助戰，現在南營内僅留十餘人看守」等語，謹以奉聞。依克唐阿。江。[49]

可見當時在中國東北的盛京、金州等地，也有英日俄三國開戰的謠言，甚囂塵上。

八月初四，北洋大臣直隸總督榮祿又電告總理衙門：

本日接通永李鎮自榆關來電：「英兵輪六隻，魚雷艇二隻，均泊定遠砲台前面，離岸十里，當派雷營管帶宋思鴻前往查問，據稱『來此遊歷』。後又有兵丁二十餘人登岸，欲入營，已阻回」等語。當即電行李鎮：「外國兵輪游弋海面，勢屬常有，英與我現無交涉，似不至有他意。惟當督飭各營，嚴密戒備，處以鎮靜，勿得張皇擾亂。至弁兵水手，如登岸遊歷，自難禁止，祇可派人照料，以保護爲名，暗商防範。倘彼欲入營遊玩，應告以中國軍律，非奉有上憲明文，不能接待。但須婉言撫慰，妥爲勸阻，斷不可嚴詞拒絕，別釀釁端。仍將該船動靜，隨時電達」云云。謹請查照。榮祿。支，未。[50]

英國軍艦在山海關的動作，可能會讓榮祿等中國官員一頭霧水，八月初二還說俄國來意不善，要保護中國，大有山雨欲來風滿樓之勢；八月初四英國人則改說是「來此遊歷」，又有二十多名英國水手登岸，要進入中國軍營，而被阻回。英國軍艦似乎是要中國的官兵不要忘記他們的存在，但又不像是在向中國挑釁。八月初五，總理衙門又收到榮祿八月初四晚間的電報：

頃又得李鎮大霆電：「有英輪內兵丁數十人登岸，竟欲進營閱看，經該鎮婉言勸阻，旋於下午六點鐘兵輪八艘一律開行」等語，除仍飭該鎮及羅鎮嚴密瞭探，隨時電報外，謹此奉聞。榮祿。支，亥。[51]

英國的八艘軍艦終於在初四傍晚開走了。

到底英國的八艘軍艦出沒於塘沽、山海關等地的目的究竟爲何？這八艘英國軍艦，與盛京、金州等地的謠言，竟然不約而同的表達了英國（與日本）即將（或已經）向俄國開戰的訊息，這又代表著什麼意義？這些訊息不斷地隨著一封封的電報，傳送到了北京。

㈢伊藤博文晉見與「借才」、「合邦」計畫的準備

八月初三當天，就在譚嗣同夜訪袁世凱，說以殺榮祿等事的同時，一些變法派的官員在康有爲家中

聚會。據康有爲的《自編年譜》中說：

> 及夜，楊漪川、宋芝棟、李孟符、王小航來慰。……（吾）以李提摩太交來「瓜分圖」，令諸公多覓人上摺。[52]

康有爲「令諸公多覓人上摺」，可見這是有計畫的集體行動。他們究竟要上奏提議何事？

次日（八月初四），康有爲又拜訪了李提摩太與伊藤博文，康有爲《自編年譜》說道：

> （八月初四）九點鐘起，訪李提摩太與謀，英公使亦避暑北戴河遠出，無能救者。又惡假權外人，故見伊藤博文，而不請救援，但請其說太后而已。[53]

按照康有爲的說法，當時以慈禧太后爲首的保守派蠢蠢欲動，將發動政變，因此康有爲請李提摩太設法救援，又請伊藤博文遊說慈禧太后，希望太后回心轉意，接受變法。戊戌政變發生後，日本殖民地台灣的報紙《台灣日日新報》，曾分兩日刊登了〈遊清記語〉一文，內容爲康有爲拜訪伊藤博文的對話，文中也說到康有爲拜訪伊藤博文時，說明了當時保守派反對變法的情形，並請伊藤博文遊說慈禧，使其支持變法。[54]然而，康有爲與伊藤博文見面，對話內容僅僅如此而已嗎？初四當天傍晚，慈禧太后回到了紫禁城。

八月初五，是光緒皇帝接見日本前首相伊藤博文的日子。光緒皇帝接見伊藤，看起來行禮如儀，光緒皇帝對伊藤說：「目今我國改革，迫於必要，朕願聞貴爵披瀝其意見。請貴爵將改革順序方法，詳細告知總理衙門王大臣，予以指導。」伊藤回答：「敬奉諭旨。王大臣如有諮詢，臣依實際所見，苟有利於貴國者，必誠心具陳。」[55]其中，光緒皇帝僅表達希望伊藤爲中國改革「披瀝其意見」、「予以指導」，爲顧問性質，並未談到將用伊藤博文掌握大權之意。不過，在表面的行禮如儀之下，卻有其他方面的運作。

就在伊藤博文晉見光緒皇帝的日子，山東道監察御史楊深秀（漪川）在前日康有爲「令諸公多覓人上摺」的要求下，上書光緒皇帝，主張與英美日「合邦」，其奏摺中說道：

> 臣聞德法諸國，皆言中華守舊者阻力過大，積成痿痺，商之不理，嚇之不動，只宜武斷從事，謀定而發，即爲所欲爲耳。用是共會於俄都之森彼得堡，悍然宰割天下，碎裂中原，俄則分我燕、晉、秦、隴，法則分我閩、廣、滇、黔，德則分我山東、河南。英人雖本無此志，亦不得不藉手於吳、越、荊、益，以求抵制。各國重復繪圖，明畫分界。兼聞英艦七艘已至大沽，可以保權利，可以敵合縱，即可以恫喝吾華。

楊深秀強調德、法等國已經與俄國約定，意圖瓜分中國；而英國爲了維持在中國的利益，也派了軍艦七艘至中國，一方面與俄國對峙，一方面也可威脅中國，中國已面臨被瓜分兼併的嚴重危機。楊深秀接著陳述解決危機、挽救中國之道，說道：

臣聞刑部主事洪汝沖所上封事中，有遷都、借才兩說，而其最要最要者，莫過聯結與國之一條，蓋亦深恐新政不及布置，猝爲強敵所乘，蹈波蘭之覆轍耳。……今該主事所見與臣闇合，而其語之痛切尤過於臣，是誠按切時勢之言也。

昨又聞英國牧師李提摩太，新從上海來京，爲吾華遍籌勝算，亦云今日危局，非聯合英、美、日本，別無圖存之策。……況值日本伊藤博文遊歷在都，其人曾爲東瀛名相，必深願聯結吾華，共求自保者也。未爲借才之舉，先爲借箸之籌。臣尤伏願我皇上早定大計，固結英、美、日本三國，勿嫌合邦之名之不美，誠天下蒼生之福矣。[56]

楊深秀指出洪汝沖「聯結與國」的意見與他自己的意見相同，並且指出英國牧師李提摩太、東瀛名相伊藤博文，也都主張或支持「聯結吾華」，因此請求皇上「固結英、美、日本」，「勿嫌合邦之名之不美」。此處所謂的「聯結」、「合邦」究竟所指何意？有些學者認爲這是變法派主張「聯日制俄」的外交結盟政策，如果僅是「聯日制俄」或「聯英美日制俄」，則僅是外交結盟上的選擇，這種選擇見仁見智，並沒有絕對的是非。不過，楊深秀所言「勿嫌合邦之名之不美」，是指「合邦」而非「結盟」。所謂「合邦」，在中國無此一詞，此一詞彙係由日本傳來。本章第一節曾經提到，日本人森本藤吉，曾在明治二十六年（一八九三）發表《大東合邦論》一書，鼓吹日本應與朝鮮合爲一大聯邦，實際上是爲侵呑朝鮮製造輿論。可見楊深秀所主張之「合邦」，實際上是與英、美、日本三國合併。

楊深秀此一主張，很明顯是在八月初三晚上由康有爲授意而寫成的。楊深秀在文中說李提摩太「爲吾華遍籌勝算」，伊藤博文「必深願聯結吾華」、「先爲借箸之籌」，可見楊深秀的「合邦」主張是得到李提摩太、伊藤博文支持的，甚至可以推測是李提摩太、伊藤博文在背後籌畫推動，交付康有爲執行，而由變法派官員楊深秀所提出者。

楊深秀的「合邦」主張，上承洪汝沖的「聯邦」說法，所不同者，在於洪汝沖主張與日本合爲一國，楊深秀則包括了英、美、日本。楊深秀在戊戌政變後被殺，是「戊戌六君子」之一，在戊戌變法期間極爲活躍。梁啓超《戊戌政變記》稱其「上書言定國是、廢科舉、譯日本書、派親王遊歷外國、遣學生留學日本等事，所條陳新政最多。」[57]可見楊深秀是戊戌變法的決策核心人物。

八月初五晚上，光緒皇帝面對的是一個怎麼樣的局勢呢？光緒皇帝又會如何決定呢？

「借才」之事，許多臣工已經屢屢上奏，而且今天已經接見了伊藤博文，應該要做一個決定了。「合邦」之事，前有洪汝沖的議論，後有楊深秀的建言，而且李提摩太、伊藤博文都在北京，也應該要有所決定。尤其最重要的是，根據前幾天電報，英日與俄國似乎即將（或已經）爆發戰爭，中國必須要在英日與俄國兩邊作出選擇。如果中國選擇站在英日這一邊的話，那麼對「合邦」之事也必須有所回應。

八月初六，也就是政變發生的當天，變法派官員宋伯魯（芝棟）又上書光緒皇帝。也許是爲了催促光緒皇帝對「借才」、「合邦」等事儘快做出決定，宋伯魯在奏摺中說道：

> 昨聞英國兵艦七艘已駛入大沽口，聲稱俄人將大舉南下，特來保護中國。又聞俄君在其彼得羅堡，邀集德、法、英各國，議分中國，繪圖騰報。……昨聞英國教士李提摩太來京，往見工部主事康有爲，道其來意，並出示分割圖。渠之來也，擬聯合中國、日本、美國及英國爲合邦，共選通達時務、曉暢各國掌故者百人，專理四國兵政稅則及一切外交等事，別練兵若干營，以資禦侮。……今擬請皇上速簡通達外務、名震地球之重臣，如大學士李鴻章者，往見該教士李提摩太及日相伊藤博文，與之商酌辦法，以工部主事康有爲爲參贊，必能轉禍爲福，以保乂我宗社。[58]

宋伯魯同樣強調俄德法等國意欲瓜分中國，英國則派軍艦七艘至中國，與俄國對峙。中國被瓜分的危機，已迫在眼前。李提摩太交給康有爲「分割圖」的用意，即在於強調俄國的威脅，以促使變法派官員接受「合邦」之議。宋伯魯顯然支持李提摩太「擬聯合中國、日本、美國及英國爲合邦」的建議，而合邦的內容是「共選通達時務、曉暢各國掌故者百人，專理四國兵政稅則及一切外交等事」，亦即將四國的軍事、財政、外交等權力，交由四國共選的一百人來管理。可見當時變法派官員所謂的「合邦」，的確並非只是外交上的結盟而已，而是交出國家大權的合併。試問即使中國願意，日本、美國、英國願意爲了防範俄國而交出各國的權力嗎？李提摩太此一建議不是在誆騙變法派的官員，借「合邦」之名，讓中國交出政權，而由英、美、日等國所控制嗎？宋伯魯還要求光緒皇帝派遣大臣（如李鴻章）與李提摩太、伊藤博文等商議，這不正好證明了李提摩太、伊藤博文是這項國際陰謀的推動者嗎？

再回頭看看八月初四那天，康有爲拜訪李提摩太、伊藤博文，難道僅僅在於請伊藤博文勸太后接受改革而已嗎？當時重用伊藤博文的「借才」之議，在朝廷上傳說的沸沸揚揚，李提摩太又帶來「瓜分圖」促使康有爲等人向光緒皇帝上奏「中美英日合邦」計畫，康有爲對這些事情，豈會不與李提摩太、伊藤博文商量？因此《台灣日日新報》〈遊清記語〉的內容，可信度令人質疑。

根據李提摩太在回憶錄中的自述：光緒皇帝原先預定於八月初八（九月二十三日）召見李提摩太，但是未及那日，而政變已經發生。[59]可見變法派官員還打算進一步安排「擬聯合中國、日本、美國及英國爲合邦」的主角李提摩太，於八月初八晉見光緒皇帝。

康有爲、宋伯魯乃至楊深秀等這些戊戌變法的重要人物，其外交常識竟如此幼稚，而至於輕信李提摩太、伊藤博文等人的遊說，幾乎將中國主權拱手相讓。若非慈禧太后斷然發動政變，一旦光緒皇帝同意了變法派「合邦」的主張，則中國將不堪設想矣。

㈣先發制人：慈禧太后的政變

八月初四，慈禧太后由頤和園返回紫禁城，是受了楊崇伊奏摺的影響，想要了解光緒皇帝是否有意重用伊藤博文，甚至交付大權。以慈禧對於新政奏摺掌握的程度，加上慈禧受楊崇伊奏摺的影響，相當重視「引用東洋故相伊藤博文」的問題，慈禧「有能力」也「有意願」看到八月初五楊深秀的奏摺，楊深秀的奏摺是逃不過慈禧法眼的。此時，慈禧太后發現原來變法派的目標，不只僅有「借才」，還包括了「中美英日合邦」，情勢遠比楊崇伊所言嚴重得多。於是，慈禧決定採取行動。

茅海建先生引據內務府《雜錄檔》八月初五的記載：

> 八月初五日，總管宋進祿等爲前傳本月初十日皇上前往頤和園去，所傳車輛、馬匹、蘇拉等改爲福華門外，各該處照例預備。差首領滕進喜傳。[60]

又據《內務府來文》的記載：

> 八月初五日，總管宋進祿等爲前傳本月初六日聖母皇太后還頤和園，今改爲本月初十日還頤和園。所傳引導、跟隨、車輛、馬匹於是日寅初在福華門外各該處照例預備。差首領滕進喜傳。[61]

又根據內務府昇平署《日記檔》的記載：

又補。初五日敬事房傳旨：於八月初十日老佛爺駐蹕頤和園。特記。[62]

慈禧太后在初五日將返回頤和園的時間改到八月初十，可能是計畫明日（初六）先將光緒皇帝暫時軟禁，待將主張「借才」、「合邦」的相關官員做一處理之後，便於初十日返回頤和園，並沒有長期訓政的打算。

八月初六，慈禧太后由宋伯魯的奏摺中得知，伊藤博文與李提摩太都支持中國與英、美、日「合邦」；而變法派的決策官員，似乎也已經接受了這種主張，並且接連向光緒皇帝上奏，只要光緒皇帝對重用伊藤博文或與英、美、日「合邦」做出任何決定，聖旨一出，則不可挽回矣。如果說清朝在八月初六這一天已經危在旦夕，應不為過。

因此，慈禧太后當機立斷，發動政變，軟禁光緒皇帝，宣布重新訓政，並且開始逮捕變法派官員。慈禧太后以光緒皇帝的名義諭令軍機大臣：「工部候補主事康有為，結黨營私，莠言亂政，屢經被人參奏，著革職。並其弟康廣仁，均著步軍統領衙門拏交刑部，按律治罪。」[63]又下令：「御史宋伯魯濫保匪人，平素聲名惡劣，著即行革職，永不敘用。」[64]所謂「濫保匪人」，係指宋伯魯在初六當天奏請「合邦」的奏摺中，請求「以工部主事康有為為參贊」一事。可見慈禧太后發動政變時，確實已經看過了宋伯魯的奏摺，並得知「合邦」計畫的詳細內容。

根據黃彰健先生〈論戊戌政變的爆發非由袁世凱告密〉一文的研究，八月初七日，榮祿派人（可能是楊崇伊）由天津搭火車至北京，向慈禧太后奏請「籲懇進京陛見」[65]，袁世凱向榮祿告密的內容可能即在此時上呈於慈禧太后。慈禧太后此時才發現，原來變法派的計畫，不只要「借才」、「合邦」，還要「殺榮祿，兵圍頤和園，殺慈禧太后」，雪球越滾越大。八月初九日，慈禧太后又以光緒皇帝的名義發布上諭：「張蔭桓、徐致靖、楊深秀、楊銳、林旭、譚嗣同、劉光第，均著先行革職，交步軍統領衙門，拏解刑部治罪。」[66]並且決定將原定初十日與光緒皇帝同回頤和園，改爲十四日。[67]

八月十三日，慈禧太后再度以光緒皇帝的名義發布上諭：「康廣仁、楊深秀、楊銳、林旭、譚嗣同、劉光第等，大逆不道，著即處斬，派剛毅監視，步軍統領衙門派兵彈壓。」[68]康廣仁、楊深秀、楊銳、林旭、譚嗣同、劉光第等六人被斬首，後世稱爲「戊戌六君子」。同一天，慈禧太后決定，將原定十四日返回頤和園，再推遲到二十日。[69]到了八月十五日，慈禧太后對光緒皇帝徹底失望，決定長期訓政，不再返回頤和園。[70]

至於變法派的領袖康有爲與其弟子梁啓超，則在英、日兩國使館的協助之下，逃離中國。

政變之後，許多官吏紛紛上書彈劾康有爲、梁啓超等人，兵部掌印給事中高燮曾於八月十一日上奏說道：「從前朝鮮被倭人戕妃逼王，其明證也。」[71]福建道監察御史黃桂鋆於八月十二日上奏則說：「此輩謀爲不軌，將效開化黨亂高麗之故智。」[72]黃桂鋆又說：「大約康有爲等，內則巧奪政權，外則私通敵國，其主持變法之說，皆欺人語也。」[73]甚至在民間，學者王先謙也批評康有為：「借兵外臣，倚重鄰敵，以危宗社，又兼崔胤、張邦昌而有之，誠亂臣賊子之尤也。」[74]可見當時的官僚與士大夫，已經將康有為等人的陰謀與朝鮮甲申之變、乙未事變作比較，並發現了其中的相似之處。

不過，政變之後，慈禧太后為何不宣布英、日的陰謀，並譴責變法派官員的賣國行為呢？筆者以為，這可能一方面是為了維持與英、日的邦交，慈禧自知中國當時沒有力量與英、日兩國為敵。英國與日本的軍事活動，始終為清朝方面所顧忌。八月初七，總理衙門收到盛京將軍依克唐阿的電報：

昨吉林復電，頃接琿春來電：「該處派員探蒇（？），並無軍務之說，惟巖杵河有馬兵五千前寓旅順」等因，謹以奉聞。依克唐阿。陽。[75]

八月十一日，總理衙門又接到護理直隸總督袁世凱（直隸總督榮祿於十一日上午奉召進京，旋改授軍機大臣）的電報：

頃據已革副將葉祖珪回津面稟，遵派來復濟赴金、旅確查，俄人安堵如初，實無英俄開仗及俄船受傷各事云。凱。眞。[76]

可見英日俄開戰的謠言，到十一日才完全澄清。不過，仍然有一些官員對英國軍艦的行動，疑神疑鬼。八月二十一日，工科給事中張仲炘還上奏摺，說道：「英兵來意叵測」、「竊臣聞英人以保護使館爲詞，擬派兵數十名，並攜陸路砲入京，經津海關道商阻，不聽。並有謂英兵船上除水軍外，另有陸軍二千，亦將陸續進發」、「此次英、倭兵船之來，究因何事？百思莫解。如謂與俄人備戰，則當萃集於大連灣、海參崴等處，何爲停泊大沽口、秦王島一帶，安知其非爲謀我而來？」[77]若是慈禧太后貿然於政變時就宣布英、日兩國的陰謀，與英、日兩國對立，不啻表明了在英日與俄國的戰爭中，中國是站在俄國這一邊，這種表態對中國顯然沒有好處。

另一方面，變法派在民間的勢力，一時之間難以完全根除。若變法派與外人裡應外合，則局勢將更難收拾。政變之後，伊藤博文離開北京，繼續在中國各地遊歷。八月二十八日（十月十三日）就有「興亞協會議員」廣東人呂靖，致函伊藤博文，函中說道：

> 頃敝國望貴國暨英國援救，不啻大旱之望雨，胡不審時度勢，趁俄人西伯利亞鐵路未成，建此義舉，固東邦之圉，定敝國之亂。取威定霸，時不可失也。更望轉請貴大皇帝，效燕昭王築黃金台，尊禮外來賢士故事，吾知中國必有樂毅、劇辛輩起而應之者。[78]

可見在內部民心不穩的情形下，避免與英、日兩國發生衝突是慈禧太后最好的選擇。

因此，慈禧太后雖將光緒軟禁於瀛台，並且大舉搜捕變法派官員，但對於政變的原因卻諱莫如深，只說康有爲等變法派人士「結黨營私，莠言亂政」等含混的理由作爲政變的藉口。

㈤日本、英國的角色

戊戌政變之後，英日兩國使館分別協助康有爲、梁啓超逃亡出國，使人懷疑英日兩國與康有爲等人的關係。英日兩國政府在「借才」、「合邦」計畫之中究竟扮演什麼樣的角色呢？

茅海建先生〈日本政府對戊戌變法的觀察與反應〉一文，根據日本外務省的檔案，查考了當時日本駐華使館向日本外務省的報告，認爲日本駐華使館對於戊戌變法時期各種新政的內容，都對外務省做了詳細的呈報，但是日本政府反應冷淡，沒有具體的指示與意見，一直到戊戌政變之後，日本政府的態度才有了大轉變，開始營救康有爲、梁啓超，並向清廷關切光緒皇帝「廢立」的問題。[79]

茅海建先生的結論，與筆者的看法大相逕庭。筆者認爲日本政府在戊戌政變之前，不但與「變法派」有密切的聯繫（例如日本公使矢野文雄曾經與康有爲計畫召開「兩國合邦大會議」），戊戌變法開始之後，更藉助康有爲的影響力，並利用伊藤博文訪華的機會，推行其「借才」、「合邦」的計畫，大有一舉併吞中國之勢。筆者所根據的檔案史料，是楊深秀、宋伯魯的奏摺，以及康有爲的《自編年譜》。爲何茅海建先生與筆者，根據不同來源的史料進行研究，會得出如此南轅北轍的結論呢？

筆者以爲，現在開放供學者查閱研究的外交檔案，都是經過「整理」過的檔案（世界各國都一樣），大概很少有國家會把策劃他國政變的秘密資料，加以公開公布。此外，策劃他國政變的計畫，通常不會在一般駐外使館的例行報告中出現，因爲「策劃政變」與「辦理外交」畢竟是性質完全不同的兩回事，需要由不同的人來負責其事。因此，戊戌變法時期的日本駐華使館乃至日本外務省，不見得完全知道伊藤博文等人「借才」、「合邦」的計畫（日本駐華公使矢野文雄可能知情，因爲他是伊藤博文所推薦，且曾經推動過「合邦大會議」）；這一「借才」、「合邦」的計畫，也不一定會在日本使館的報告中呈現出來。但是我們不能因爲日本的檔案之中沒有「借才」、「合邦」的內容，就認爲當時不存在「借才」、「合邦」的計畫。畢竟，楊深秀、宋伯魯的奏摺，康有爲的《自編年譜》，都清楚的呈現了「借才」、「合邦」計畫的輪廓。

英國方面的代表人物，爲傳教士李提摩太。李提摩太雖爲牧師，但對政治相當感興趣。在光緒二十一年甲午戰爭剛結束時，李提摩太便向中國提出〈新政策〉的主張，建議中國將外交、新政、鐵路、財政、報紙、學校等權力，交由外國人來掌管。戊戌變法時期，更建議康有爲聘請伊藤博文爲中國政府的顧問，並向康有爲提出「中美英日四國合邦」的計畫。究竟李提摩太的意見，是他個人天馬行空、不切實際的看法？或是背後受了英國政府的指使？

由於史料的缺乏，我們只能根據零星的線索，進行推測。根據英國一八九九年三月出版的《中國事件藍皮書》（*Correspondence Respecting the Affairs of China, Presented to both Houses of Parliament by*

Command of Her Majesty）第三九四號附件「海軍中將西摩爾（Vice-Admiral Sir E. Seymour）致海軍部」的信函，西摩爾中將向英國海軍部報告：

> 參照九月二十三日我的電報，我向您報告十六、十七日我在北戴河晤見了帝國公使竇納樂，他對我說，事態一般看來似乎是平靜的，既沒有理由在這海面或在揚子江上集中了帝國的軍艦，也不需要艦隊作任何特別的處置。……因此，我帶著艦隊出發，作了一個已經呈報了的短程預定巡航，在二十三日回到威海衛。[80]

當時出沒在直隸沿海的英國軍艦，是英國駐紮在租借港威海衛的艦隊。西摩爾中將在陽曆九月十六、十七日（陰曆八月初一、初二）在北戴河會見了英國駐華公使竇納樂（Sir C. MacDonald）之後，便率領艦隊作「短程預定巡航」。直隸總督榮祿也在八月初二起，陸續收到英國軍艦出沒的消息，並有英國軍人告訴中國官兵：「俄國意甚不善，英廷特派來此，保護中國。」筆者推測，西摩爾中將的「短期巡航」，很可能是受了英國公使竇納樂的指示，利用英國軍人登岸之際，散播「英俄即將開戰」的謠言，以逼使光緒皇帝在英日與俄國之間做出選擇，甚至接受「合邦」的主張。如果這一推論成立，那麼英國駐華公使竇納樂便與「借才」、「合邦」的陰謀脫不了關係。

戊戌政變後，英國公使竇納樂曾致電英國外交大臣，說道：「認爲這次政變是受外國影響而促成的，那是毫無根據的猜想。」[81]據此推斷，如果竇納樂參與「借才」、「合邦」之事，也應該是瞞著英國外交部的行爲，所以才會在政變後向英國外交部否認「政變是受外國影響而促成的」。竇納樂又在致英國外交大臣的信中說道：「我認爲中國正當的變法，已大大被康有爲和他朋友們的不智行爲搞壞了。」[82]可見竇納樂在政變之後，似乎有意撇清與康有爲之間的關係。

此外，英國駐上海總領事班德瑞（Baurne）曾與康有爲談話，班德瑞在備忘錄中說道：「我認爲康有爲是一位富於幻想而無甚魄力的人，很不適宜作一個動亂時代的領導者，很顯然的，他被愛好西法的熱心所驅使，同時又被李提摩太的一些無稽之談所迷惑。」「李提摩太是英國教會駐北京的辦事人，他是個陰謀家，他大約向康有爲和維新派作了一些愚蠢的建議。」[83]班德瑞也與主張「合邦」的李提摩太劃清界限，認爲李提摩太的意見都是「無稽之談」、「愚蠢的建議」，李提摩太的行爲只是「個人行爲」，與英國政府無關。不過，筆者認爲，班德瑞爲英國在上海的外交官，不一定完全知道北京英國公使竇納樂的眞正意圖。

在前引竇納樂給英國外交大臣的信中，附上了康有爲搭英國輪船逃往香港途中，和英國人賈克憑（Cockburn）談話的備忘錄，備忘錄中說道：「他（康有爲）漫談了一些盼望英美聯盟保護中國，以及沙俄控制住中國廣大人群以後對世界各國的威脅，但這不過是背誦他學得的廣泛的政見而已。」[84]賈克憑認爲康有爲「英美聯盟保護中國」的意見只是泛泛之論而已，似乎也不知道「合邦」的計畫已經由楊深秀、宋伯魯等人上奏光緒皇帝，很有可能付諸實行。

英國公使竇納樂究竟是否參與「借才」、「合邦」的計畫？英國政府對中國的態度究竟為何？十九世紀時，英國與俄國為了爭奪中亞的殖民地，競爭十分激烈，從土耳其、波斯、阿富汗、印度到西藏，都可以看到英俄兩國勢力的對抗。英國為確保印度安全，擔心俄羅斯由波斯進入波斯灣，或由新疆、西藏進入孟加拉灣，最終將勢力深入印度洋，因此對俄國防範甚力，英俄兩國的競爭一直到一九〇七年兩國達成諒解才告緩和。[85]而清朝在甲午戰爭後，一度採取「聯俄制日」的政策（李鴻章赴俄國簽下「中俄密約」），正踏到了英國外交的紅線，因此英國公使竇納樂，對日本的態度非常友善，一九〇〇年竇納樂被調任為英國駐日公使，並促成了一九〇二年「英日同盟」的締結。筆者推測，竇納樂為了反制中國「聯俄制日」的政策，阻止俄國勢力進入中國，必須與日本合作，將日本視為維護大英帝國在中國利益的伙伴，即使將衰敗的中國交由日本支配，也比讓俄國控制中國更符合英國的利益。因此，竇納樂在沒有得到英國授權之下，採取一些小動作（如命令西摩爾率艦隊巡航，並散布英俄開戰的消息），是符合英國外交利益的。戊戌政變之後，竇納樂對沒有得到英國政府授權的行為，則一概否認。

由於史料有限，因此，對於英國政府（尤其是駐華公使竇納樂）在「借才」、「合邦」計畫之中所扮演的角色，尚有待更進一步的研究，目前只能暫時存疑了。

至於美國，依目前的史料來看，完全沒有美國涉及「中美英日四國合邦」計畫的證據。筆者認為，美國只是李提摩太、康有為拿來作為陪襯的工具而已。戊戌變法前，康有為與日本公使矢野文雄計畫召開「兩國合邦大會議」；變法開始後，七月二十四日刑部主事洪汝沖也上奏主張「中日聯邦」，都只談中日兩國合併。但是李提摩太或康有爲可能認爲三年前中日甲午戰爭剛剛結束，中國方面仇日的情緒尚在，如果只談與日本合併，阻力恐怕會很大，因此才把當時世界兩大強國英國、美國也拉進「合邦」的名單中，讓中國人較能接受「合邦」的計畫。故筆者推測，美國的情況較爲單純，是完全的局外人，對「合邦」的計畫應該全不知情。

三、政變的得與失

慈禧太后發動的戊戌政變，阻止了變法派官員「借才」、「合邦」計畫的推行，使中國免於被日本、英國瓜分殖民的危機。不過，也許讀者會質疑，康有爲「借才」、「合邦」的計畫，後果眞的有這麼嚴重嗎？是不是只是筆者好發驚人之論？由於康有爲「借才」、「合邦」的計畫已經被慈禧太后的政變所制止，因此「借才」、「合邦」的計畫在中國並沒有付諸實現的一天，如此一來，我們又要如何評估「借才」、「合邦」對中國造成的危害呢？

㈠韓國的「合邦」經驗

要評估「借才」、「合邦」對中國造成的危害，我們可以參考眞正實施「合邦」的國家之經驗，那又回到了本書一開始所提到的國家——韓國。光緒二十二年（一八九六）之後，朝鮮國王逃到俄國公使館尋求保護，暫時擺脫了日本的壓迫。光緒二十三年（一八九七）並將國號改爲「大韓帝國」，定年號爲「光武」。不過，光武八年（光緒三十年，一九〇四），隨著日俄戰爭的開戰，日軍再度大舉進入韓國。韓國政府被迫簽訂「韓日議定書」，允許日本軍隊爲保護韓國的安全，「採取機宜措施」，並「得隨時收用軍略上必要之地區」，等於賦予日本在韓駐兵的權力。此外，韓國又宣布韓俄間的一切條約全歸無效（幾乎爲甲午年政變的翻版）。同年，日本又逼迫韓國簽訂「第一次韓日協約」，韓國之財政、外交皆須聽從日本顧問的意見以施行之。簽訂「第一次韓日協約」的韓國代表，是參與過甲申政變的「開化黨」份子尹致昊。[86]

「第一次韓日協約」簽訂後，康有爲的學生梁啓超在日本撰寫了〈朝鮮亡國史略〉以記其事，梁啓超說道：

> 國家行政機關最要者三事，曰財政權，曰軍政權，曰外交權。三者亡則國非其國也。……三權既去，然則朝鮮政府所餘者能幾乎？吾以爲捨伴食外，眞無有也。甚乃宮禁之事，君側之惡，而亦干預及

之。嗚呼！三千年來箕子之血食，其遂已矣夫！其遂已矣夫！吾今乃知夫扶助云、保全云者，其結果乃如是也。[87]

梁啓超認爲韓國的財政、外交、軍事三權被日人控制，已經與「亡國」無異。由於康有爲《自編年譜》中所記八月初三晚間「令諸公多覓人上摺」時，梁啓超似乎並不在場，我們不知道梁啓超對「合邦」的計畫了解多少？涉入多深？如果梁啓超看到宋伯魯主張「兵政稅則及一切外交等事」皆可交由四國共選的一百人來掌管，不知道他會不會對康有爲說道：「國家行政機關最要者三事，曰財政權，曰軍政權，曰外交權。三者亡則國非其國也。」

日本在日俄戰爭中戰勝之後，光武九年（光緒三十一年，一九〇五），又以樞密院院長伊藤博文爲特派大使，逼迫韓國簽訂「第二次韓日協約」（乙巳條約），規定日本在韓國設置「統監」，統理指揮今後韓國對外國的關係以及事務。[88]日本派駐在韓國的首任統監，即是伊藤博文，這與戊戌變法時期重用伊藤博文的「借才」之議，是否有異曲同工之妙？

光武十一年（光緒三十三年，一九〇七），高宗李熙由於受不了日本的壓迫，趁著「第二次萬國和平會議」在荷蘭海牙舉行之際，派遣前議政府參贊李相卨、前平理院檢事李儁、前駐俄公使館書記官李瑋鐘等三人，祕密潛赴海牙，向和平會議主席及各國代表提出高宗李熙的密書，並要求參加會議。結果，會議議長以韓國已成爲日本的保護國，沒有外交權爲由，予以拒絕，李儁因此在會場上拔刀自裁而死。統監伊藤博文得知此事，即譴責韓國：「漠視協約精神，敵視日本，故日本不得不向韓國宣戰。」最後，高宗李熙宣布讓位，由太子純宗即位，改年號為「隆熙」。[89]由此可見，「借才」一旦付諸實施，將外交權交於外人之手，就沒有挽回的機會了。

隆熙二年（光緒三十四年，一九〇八）英國教士李提摩太至韓國訪問，與統監伊藤博文見面，並向韓人演講，說道：

在我看來，在現在這種情勢下，當你們顯然認為自己遭受著苦難，失掉了自己的國家的時候，你們實際上被賦予了一個難得的機會。只要處在日本的保護之下，任何外國勢力都不敢侵犯你們。伊藤公爵，中國的皇帝都希望聘他為顧問，現在是你們的顧問，現在你們得到的是中國所得不到的。如果你們好好利用下一個二十年，你們就會成為一個全新的民族，一個全新的國家，就能夠承擔偉大的機遇。那時，你們會發現，上帝已經把你們的不幸變成祝福了。[90]

我們非常清楚的看到了李提摩太與伊藤博文的密切關係，李提摩太雖為英國人，但卻是日本的政治掮客與外交傭兵，利用他身為英國人與傳教士的身分，為日本進行遊說與宣傳的工作。走筆至此，不禁令人感嘆，康有為怎麼會交上這種朋友？李提摩太認為十年前中國沒有聘請伊藤博文為顧問，是中國失去了「難得的機會」。不過，大韓帝國還有下一個二十年嗎？大韓帝國會得到上帝的「祝福」嗎？

隆熙三年（宣統元年，一九〇九），雖然朝鮮統監伊藤博文被韓國志士安重根槍殺而死，但日本持續推動「合邦」的計畫。當時日本利用親日團體「一進會」進行「合邦」的宣傳。一進會會長李容九，上疏於純宗，說道：

> 維我皇室幸蒙殊遇，與日本皇室俱存亡，則五百年必絕之祀，卻續餤於萬世，與日本天壤無窮矣。此以必至之災孽，轉得無上景福者非耶？故臣等言念結成「合邦」者，所以舉檀（檀君）、箕（箕子）四千有載不磨之大典，起羅（新羅）、麗（高麗）三千里疆土不易之磐岱者。若夫嬌於協約之浮文，日自擠不測之深淵，臣等弗取也。[91]

李容九又向韓國的內閣總理大臣李完用上書，說道：

> 然則我大韓國，先在今日自我提言之，君臣上下一德不疑，以倚賴大日本國天皇陛下，組成合邦。日韓一家，俾我皇室永享萬世尊榮，俾我人民共躋一等班列，而我之信誓亦有如皦日矣。[92]

一進會總裁宋秉畯則在日本上書日本政府，說明「日韓合邦之緊要，不可一日緩之。然韓國擁有二千萬民眾，繼承李朝五百年社稷，一旦將半島的太極旗撤除，而代之以旭日旗，則內有頑冥者敢於反抗，外有野心國試圖置喙。」宋秉畯提出的解決辦法是：「藉著韓國皇帝陛下渡日的機會，使日本皇室與韓國皇室之間結下膠漆之緣，錦上添花。恭請在日本皇族中擇人作爲韓國皇太子妃殿下，舉行國婚之典，加強皇族之誼，實爲合邦之好紀念。」[93]

在日本人的積極推動，以及一進會李容九、宋秉畯等人的呼應之下，隆熙四年（宣統二年，一九一〇），韓國被迫簽下了「合併條約」，成爲了日本的殖民地。

我們可以清楚地看到，這就是「合邦」。

(二)極端保守派的抬頭

戊戌政變之後，中國的對外態度值得我們加以注意。向慈禧太后指陳伊藤如果「專政柄」，則「祖宗所傳之天下，不啻拱手讓人」的楊崇伊，在八月二十八日上奏，一方面歌頌慈禧太后：「禍機一發，各國環集，時日後先，間不容髮。幸而皇太后即日訓政，不動聲色，弭亂未形，宗社之靈，皇太后、皇上之福，即天下臣民之幸。」但是楊崇伊另一方面也說道：「至挑動教案，不可不防。……遇有民教爭案，務必平情開導，勿有偏向，庶民心不怒，而教民之心亦平，可以相安於無事。」[94]可見楊崇伊還算頭腦清楚，不會盲目的排外，尤其注意不讓教案成爲外國出兵干涉的藉口。大致說來，楊崇伊可以算是一個溫和而開明的官僚。

不過，由於戊戌政變的影響，「改革」、「新政」等口號幾乎與「康有爲」、「逆謀」劃上了等號，使得思想較開明者在政壇無法有太多的表現；反而是極端保守派人士漸漸成爲政壇的主流。除了榮祿之外，戊戌政變後新任命的軍機大臣，有光緒二十四年十二月受命在軍機大臣上行走的啓秀，光緒二十五年十一月受命在軍機大臣上學習行走的趙舒翹。[95]此二人加上戊戌變法前已擔任軍機大臣的剛毅，是當時極端的保守派人士，戊戌政變後的政治氣氛可見一斑。

在這種風氣影響之下，許多官員的對外人的仇視越來越明顯。任何與外國（尤其是日本）聯交的建議，都可能成爲通敵賣國的罪名。光緒二十五年，慈禧太后一度有意與日本修好，但隨即遭到了保守派的反對。五月十四日，山東道監察御史張荀鶴上奏摺說道：「頃聞楊崇伊、慶寬、劉學詢密進『殺康聯倭』之說，熒惑聖聽，此即康、梁之詭謀。」[96]楊崇伊「殺康聯倭」的奏摺今未見，不過我們大概可以想見，楊崇伊可能是希望與日本保持較友好的關係，降低雙方的緊張氣氛，同時也希望日本將康有爲交給中國審判定罪。不過卻被張荀鶴冠上了「殺康聯倭」的帽子，指責楊崇伊是「一陰賊傾邪首鼠之小人」。可見溫和而開明的官僚，在當時極端保守排外的環境中，動輒得咎。

在保守派的反對之下，劉學詢、慶寬於光緒二十五年六月初一自上海啓程前往日本，於六月初三抵達日本長崎。劉學詢等人隨後抵達東京，先後拜見外相青木周藏、前首相伊藤博文、首相山縣有朋等人，並於六月十九日晉見明治天皇。不過劉學詢等人此行並未得到具體之成果，而於七月底返國。[97]

當時日本駐華公使矢野文雄在六月二十四日（陽曆七月三十一日）寫給伊藤博文的信中說道：

由於伺知慶親王、劉學詢等人與日本人交通之形跡，朝中大臣與御史們有十餘人劾奏，時論嚣然。……太后將實況告訴軍機大臣，他們有些對事實與原因一知半解，有些則完全知道，因爲害怕此事是出自太后的眞意，因此忍氣吞聲，公然表達異論的人也無法繼續下去，但是其內心多有不平。[98]

可見保守的軍機大臣等官員雖然不敢直接忤逆太后的旨意，但是對於與日本進行交涉則是明顯抱持反對的態度。

光緒二十五年十二月，慈禧太后以端郡王載漪之子溥儁爲皇子（大阿哥）。[99]端郡王載漪與剛毅、啓秀、趙舒翹、大學士徐桐等人，成爲當時中國朝廷之中極端保守派的代表人物。這些極端保守派掌握政局的結果，就是當光緒二十六年（一九〇〇）「義和團」蔓延到北京時，這些保守派的權貴官員對義和團採取默許、縱容的態度，最後引起了「八國聯軍」之禍，讓中國面臨了更爲深重的災難。載漪、剛毅、趙舒翹、啓秀、徐桐等人，皆是八國聯軍點名的罪魁禍首。筆者推測，由於戊戌變法時期的變法派受到外國人士的操縱，使得慈禧太后在用人之際戒愼恐懼，不敢信任重用主張改革的官員，反而促使極端保守排外者在戊戌政變之後逐漸得勢，最後釀成「八國聯軍」幾乎不可收拾的大禍。這一點，應該算是戊戌政變對日後政局所產生的較負面之影響。

本章小結

從本章的介紹中，我們可以了解在戊戌變法後期出現的「借才」、「合邦」之議，實際上是一個經過包裝的國際陰謀。筆者現將「借才」、「合邦」的經過，按日臚列於後：

七月二十四日，洪汝沖提「遷都」、「借才」、「聯邦」之議，康有爲邀請李提摩太至北京。

七月二十六日，伊藤博文抵達中國天津，開始有「借才」之議論。徐致靖薦舉袁世凱。

七月二十八日，光緒皇帝提出開懋勤殿，聘請東西各國政治專家的主張。

七月二十九日，伊藤博文、袁世凱抵達北京。

八月初一，光緒皇帝召見袁世凱。

八月初二，光緒皇帝再次召見袁世凱。

八月初三，譚嗣同遊說袁世凱「殺榮祿、兵圍頤和園，刺殺慈禧太后」，康有爲要楊深秀、宋伯魯準備提出「合邦」之議，楊崇伊上書慈禧太后請求訓政，英國軍艦出沒於塘沽、山海關附近，東北傳出英日與俄國開戰的傳聞。

八月初四，慈禧太后回紫禁城。

八月初五，光緒皇帝召見伊藤博文，楊深秀奏請「中美英日合邦」。

八月初六，宋伯魯再度奏請「中美英日合邦」，慈禧太后發動政變。

這就是「借才」、「合邦」之議的過程，最後在慈禧太后的決斷之下，斷然發動政變，結束了「借才」、「合邦」的計畫，也結束了戊戌變法的改革事業。

我們再將康有爲、譚嗣同等人所密謀的「殺榮祿、兵圍頤和園，刺殺慈禧太后」計畫，與朝鮮甲申之變、乙未事變相比較：

表三：甲申之變、乙未事變與康有為、譚嗣同之密謀比較表

	甲申之變	乙未事變	康有為、譚嗣同之密謀
策劃者	金玉均、朴泳孝、洪英植等「開化黨」與日本公使竹添進一郎	日本公使三浦梧樓	康有爲、譚嗣同
動用軍隊	日本守備隊	日本守備隊、朝鮮訓練隊	袁世凱新建陸軍
控制皇宮	昌德宮、景祐宮	景福宮、乾清宮	頤和園、紫禁城
剷除異己	閔泳翊（傷）、李祖淵、尹泰駿、韓圭稷、閔泳穆、閔台鎬、趙寧夏	閔妃、訓練隊聯隊長洪啓薰	慈禧太后、直隸總督榮祿
成立親日政府	洪英植爲右議政、金玉均爲戶曹參判、朴泳孝爲前營兼後營使	大院君、金弘集	中國實行「借才」、「合邦」
結果	袁世凱出兵干預而失敗	成功	慈禧太后發動政變而失敗

我們可以看出，甲申之變、乙未事變與康有爲、譚嗣同「殺榮祿，兵圍頤和園，刺殺慈禧太后」的計畫，其模式完全相同，即本書第二章所謂之「外科手術式的宮廷政變」，政變的發動者首先扶植親日勢力，隨後剷除異己占領皇宮，最後建立親日政府。袁世凱的角色尤其奇特，甲申之變中的角色，與康有爲、譚嗣同計畫中的角色正好相反，袁世凱當然能夠看出箇中奧祕，因此不會隨著譚嗣同的說詞而起舞了。

第五章　結　論

一般認爲戊戌政變的發生，是由於保守派與變法派的衝突所致，這種說法幾乎眾口一詞，成爲定論。不過，本書卻提出了一個完全不同的看法。戊戌變法後期，在英國傳教士李提摩太與日本前首相伊藤博文的推動之下，變法派官員幾乎已經同意要採取「借才」、「合邦」的政策，而這一作法，將導致中國被列強所瓜分，淪爲殖民地的境地。而且當時的變法派官員，更打算發動政變，以「殺榮祿、兵圍頤和園」的方式，將潛在的反對者加以剷除。

另一方面，從清朝的檔案史料之中，我們可以了解慈禧太后對於戊戌變法時期的各項新政，基本上能夠加以掌握，而且在政變前夕了解到當時的「借才」、「合邦」之議，可能會使中國面臨瓜分的危機，因此慈禧太后才發動政變，制止了「借才」、「合邦」的陰謀。這一「合邦」的陰謀，在楊深秀、宋伯魯奏摺中，得到了最充分的證明。

「合邦」計畫牽涉到的外國勢力，包括了英美日三國。關於美國，目前沒有任何資料可以證明美國牽涉其中。筆者推測，李提摩太、伊藤博文應該只是將美國用來充數，使得「合邦」的計畫更具說服力。實際牽涉其中的，可能只有英日兩國。關於英日兩國人士在戊戌變法時期的作爲，沈靜如〈戊戌變法與日本〉一文，曾提出日本企圖利用戊戌變法的時機，將中國的銀行、水師、徵兵等事業，由外人（日本人）來控制；並說康有爲、梁啓超等人「不可避免地跌入了帝國主義的圈套，成爲他們執行侵略政策的工具。」[1]不過，沈靜如先生似乎低估了日本的「圈套」究竟有多大。湯志鈞在《康有爲傳》一書中，說道：「儘管光緒沒有正式任命伊藤爲顧問官，而已有人上摺疏薦；……這些舉動，當然不能爲后黨所容忍。」[2]又說：「伊藤來華，康有爲等改良派的推薦和光緒皇帝的『借重』，加深了后黨的忌恨。……終於在伊藤覲見的次日，發動政變。」[3]似乎戊戌政變的原因，在於慈禧太后的「不能容忍」、「忌恨」。但是，從楊深秀到宋伯魯的奏摺中來看，變法派官員在李提摩太、伊藤博文等人的遊說之下，正在推行「合邦」的計畫，此一計畫可能導致中國交出政權，而被英、日等國所控制，這種危在旦夕的局面，慈禧太后應該「容忍」嗎？對於李提摩太、伊藤博文的國際陰謀，不應該「忌恨」嗎？

孔祥吉先生在《康有爲變法奏議研究》一書的第九章〈局勢的惡化與康有爲的挽救之策〉第三節〈連結與國計畫的破產〉之中，對於「合邦」一事也有很深入的描述。孔祥吉先生認爲：「合邦」是「康有爲在匆忙逃離京師之前，提出的一項重要建議，其目的是企圖藉助外國力量，來解救維新派所面臨的滅頂之災。」[4]又說：「從康有爲主觀上來說，他是企圖藉此機會來轉移守舊派的視線，緩和局勢，以減輕維新派所受的壓力。」[5]如果按照孔先生的說法，康有爲的「連結與國」計畫正好適得其反，不但沒有「轉移守舊派的視線，減輕維新派的壓力」，反而讓慈禧太后找到了發動政變的藉口。

筆者則認爲，「合邦」並不是康有爲用來「轉移守舊派的視線，減輕維新派的壓力」的手段，而是他在戊戌變法開始之前就有心推動的目標。對於所謂守舊派的領袖慈禧太后，康有爲打算一舉加以剷除，所以才有譚嗣同要求袁世凱「殺榮祿，兵圍頤和園」的計畫。

對於宋伯魯主張「中美英日合邦」的奏摺，孔祥吉先生認爲此奏摺爲康有爲所代擬，並說：「康有爲把當時的形勢說得萬分危急，是過甚其詞，其實當時並不存在『淪於異類』的危險，因此，慈禧對這種建議自然不會予以理睬。至於維新派要光緒皇帝『獨奮乾斷』，事實上已成空想，因爲光緒帝當時已自顧不暇了，哪裡能決斷『合邦』這樣的大事呢？」[6]事實上，慈禧太后爲了楊崇伊「祖宗所傳之天下，不啻拱手讓人」一語，因而由頤和園返回紫禁城，對於「合邦」這種比「借才」更嚴重、更聳動的計畫，怎麼會不予理睬呢？

對於英國教士李提摩太，孔祥吉先生說道：「『合邦』計畫的始作俑者原來不是別人，正是李提摩太。……拆穿了李提摩太的西洋鏡，原來是一個赤裸裸的併呑中國的陰謀，康有爲在變法事業面臨危機的關鍵時刻，請了這樣一個充滿野心的傳教士作自己的顧問，這一舉動實在是不明智的，也是愚蠢而又危險的。這一合邦計畫幸好沒有實行，倘若付諸實施，則半封建、半殖民地的中國無疑會成爲英美日等資本主義國家的附屬國和殖民地。」[7]孔祥吉先生也承認「合邦」是一個陰謀，也承認合邦若付諸實施，中國就會變成英美日等列強的殖民地。試問，「幸好沒有實行」是誰的功勞呢？不正是慈禧太后發動政變，才阻止了「合邦」的計畫嗎？因此，慈禧太后不是有「力挽狂瀾」之功嗎？

孔祥吉先生與筆者根據相同的史料，解讀的結果也沒有差別，但是爲何進行歷史解釋時，會有如此大的差異？爲何孔祥吉先生無法將「合邦」的陰謀與戊戌政變的發生聯繫起來？原因大概在於孔祥吉先生認爲康有爲是「變法派」、「改革者」，慈禧太后則是「封建、保守、落後、反動的滿清王朝領導人」。在這種二分法的劃分之下，改革開明者的主張應該是正確的，保守反動者則永遠是錯的，因此，使我們無法正確、客觀的解讀史料。

對於筆者的看法，中國大陸學者邱濤、鄭匡民似有不同意見。邱濤、鄭匡民〈戊戌政變前的日中結盟活動〉一文談到楊深秀八月初五的奏摺時，認爲中國維新人士內部與日本聯華人士之間確實探討過「合邦」問題，「合邦」一詞「不美」，是中國士人普遍的感受，因此「合邦」一詞很快就被中國人士棄用，這說明維新派維護民族利益的自覺與警惕。對於宋伯魯的奏摺，邱濤、鄭匡民認爲：從宋伯魯的奏摺，可以看出維新人士對於「合邦」的理解是中國與日本、美國、英國結成極爲緊密的聯盟，是一種程度更深的「結連與國」，中國維新人士對於「合邦」的定義，還是一種平等結盟的主張，只是比一般的聯盟更爲緊密而已。邱濤、鄭匡民特別強調：「康黨的所謂『合邦』，絕不意味著他們主張將中、日、英三國合爲一國。」[8]邱濤、鄭匡民此文，似乎是針對本人觀點的「不點名批判」，但這種作法，實非學術討論之正道。

邱濤、鄭匡民認爲「合邦一詞很快就被中國人士棄用，這說明維新派維護民族利益的自覺與警惕。」但實際上，到戊戌政變當天（八月初六），宋伯魯仍上書主張「中美英日四國合邦」，「合邦」被中國人士棄用，正是慈禧太后發動政變的結果，而非維新派維護民族利益的自覺與警惕。邱濤、鄭匡民又認爲宋伯魯所言的「合邦」，只是一種平等結盟的主張，但是若細讀史料，宋伯魯主張的合邦內容是「共選通達時務、曉暢各國掌故者百人，專理四國兵政稅則及一切外交等事」，亦即四國交出軍事、財政、外交等大權，由四國共選的一百人來管理，這種緊密程度已經比現在的歐洲聯盟還要先進（現在的歐盟各國，軍事、外交上仍有相當的自主權），這在當時是完全無法實現的。在前引孔祥吉先生的論著中，也指出「合邦」是一個帝國主義的陰謀。可見邱濤、鄭匡民讀書粗心，對於宋伯魯奏摺中的關鍵文字，解讀能力尚不如孔祥吉先生，也對孔祥吉先生及本人的研究成果，視而不見，這是十分不足取的。

李提摩太、伊藤博文與變法派官員所策畫的「合邦」計畫，因爲慈禧太后發動政變而告失敗。但是，日本在韓國所推行的「合邦」計畫，最後卻獲得了成功。韓國隆熙三年（一九〇九），親日派李容九等人組織「一進會」，主張與日本合邦是不可避免的事。當時韓國儒生徐丙懿、金衡植等人，即極力反對合邦，並主張將李容九等人處以極刑。韓國「國民大演說會」會長、前「兵使」許璡，更致書當時的日本首相桂太郎，說道：

所謂一進會者，原係無賴徒輩之烏合團體，實爲國家民族之蟊賊，而敢冒稱二千萬代表，以提倡合邦不軌之説，内以擾亂民心，外以導至萬國恥笑。古今天下豈有以生民宗社之大計，而舉國與君以合流於他邦者乎？[9]

韓國人對「合邦」的陰謀十分清楚，只是仍無力挽回韓國被日本兼併的命運。而在中國，我們也許應該仿照許璡的說法，來爲戊戌變法時期的變法派做出評價：

所謂變法派者，實爲國家民族之蟊賊，而敢冒稱四萬萬代表，以提倡合邦不軌之說，內以擾亂民心，外以導至萬國恥笑。古今天下豈有以生民宗社之大計，而舉國與君以合流於他邦者乎？

不過，由於我們對戊戌政變的理解，常常視之爲保守派（以慈禧太后爲首）對改革派的反撲。因此我們對於改革派，大多抱持著同情的立場；而對於所謂的保守派，則抱持否定的態度。結果，使我們很容易將改革派所犯的嚴重錯誤，予以淡化。

本書的主旨，在於說明戊戌變法時期，尤其是伊藤博文來華之後，伊藤博文與李提摩太等人希望借戊戌變法的機會，利用變法派官員（這些官員大多年輕、資淺而無國際經驗）掌握決策核心的便利，意圖實行其「合邦」的陰謀，而「借才」則是其具體手段。對於可能阻礙「借才」、「合邦」計畫的慈禧太后與榮祿，則打算利用袁世凱的軍隊「殺榮祿、兵圍頤和園」，重複日本人在朝鮮甲申政變、乙未事變時的所作所爲。慈禧太后是在明瞭當時情勢險峻之後，才當機立斷發動政變，挽救了此一危局。本書無意把慈禧太后描繪爲「偉人」、「民族英雄」，慈禧太后在掌權的四十多年當中，也有許多值得批評之處，但是在戊戌政變這一個單一事件上，慈禧太后阻止了「借才」、「合邦」計畫的推行，維護了清朝的國祚，對清朝有「力挽狂瀾」之功，使中國免於瓜分兼併之禍，還是應該給予正面的評價。

康有爲、譚嗣同、楊深秀、宋伯魯等提倡「借才」、「合邦」的主要人物，無論他們是有意配合伊藤博文、李提摩太等人的陰謀，或者是這些人急於求成，誤信了伊藤博文、李提摩太的詭計，他們讓中國面臨了被瓜分兼併的危機，還是難辭其罪的。甚至康有爲、梁啓超在戊戌政變之後逃亡到日本，仍然認同「合邦」的主張，梁啓超在光緒二十五年時曾說：「日本與我，唇齒兄弟之國，必互泯畛域，協同提攜，然後可以保黃種之獨立，杜歐勢之東漸。他日支那、日本兩國，殆將成『合邦』之局，而言語之互通，實爲聯合第一義焉。」[10]當我們把康有爲、譚嗣同、梁啓超描繪成主張變法維新以挽救中國的「改革派」、「進步人士」時，我們似乎忽略了，這些人對外國的認知，不但非常淺薄幼稚，而且非常容易在外國人士的遊說鼓吹之下，全盤接受外國人的建議。

檢驗事實要依靠證據，但證據只應問「有沒有」，不應問「多與少」。楊深秀、宋伯魯的奏摺，是「合邦」計畫的關鍵史料，資料雖不多，卻不容忽視。譬如一件命案，若以毛髮、ＤＮＡ等「微物證據」認定某人爲兇手，辯護人不能以毛髮、ＤＮＡ等證據數量太少，而否定這些證據的存在。兇手如果不能提出反證（如不在場證明，爲何留下毛髮、ＤＮＡ的合理解釋），恐怕是難以脫罪的。楊深秀、宋伯魯兩篇奏摺，清楚明白的呈現了「合邦」的計畫，及其背後的指使者——李提摩太與伊藤博文，白紙黑字，無從抵賴。這兩篇奏摺都收錄於《戊戌變法檔案史料》之中，並非難得罕見的史料，且多爲前輩學者引用。然而對於「借才」、「合邦」的陰謀，卻一直缺少深入的討論與評價，這可能是以往的歷史研究者，先定下了「改革派是好人，守舊派是壞人」的框架，使得任何譴責康有爲、肯定慈禧太后的觀點，都成了異端之論。因此，史家在分析解讀檔案史料時，必須擁有清晰的思辨能力，不自限於傳統的理論成見，對史料內容進行合理的解釋，如此才能呈現檔案史料中的細微曲折之處，進而說明歷史的眞相。

雖然我們已可確知，伊藤博文與李提摩太在變法派官員背後，主導了「借才」、「合邦」的陰謀，但是由於史料的限制，我們無法完全確知日本與英國政府在「借才」、「合邦」計畫中所扮演的角色。不過，這並不代表「借才」、「合邦」這一陰謀並不存在。前面舉例的命案中，兇手已經抓到，又從這名兇手的通信記錄中，發現兇手背後可能有幕後主使者，此幕後主使者並可能從命案中獲得相當大的利益，雖然缺乏直接證據（例如主使者命令兇手行凶的電話錄音或親筆信件）而無法將此主使者定罪，但總不能因爲找不到幕後主使者的確鑿證據，就認爲凶案不曾發生，兇手應該無罪。

透過以上的分析，也許我們可以對戊戌變法時期的人物，如慈禧太后、光緒皇帝、康有爲、譚嗣同、楊深秀、宋伯魯、袁世凱等，得到另一番的評價。

附錄一

一、洪汝沖〈呈請代奏變法自強當求本原大計條陳三策疏〉

光緒二十四年七月二十四日

竊職恭讀邸鈔，見本月十五日上諭，飭令各部院司員條陳事件，即至士民亦准上書言事，毋得拘牽忌諱，稍有阻格。仰見我皇上宵旰勤勞，孜孜求治，邇言必察，在遠不遺，率土臣民，無不感激涕零，願效愚忠，冀補萬一。職雖在末秩，然值聖主達聰明目，兼容並包之時，何敢拘泥故常，自安含默。

竊朝廷數月以來，凡諸變法新政，若科舉，若學校，若農桑，若商務，若礦產，若鐵路，皇上獨伸明斷，亦既次第舉行，若者補偏，若者救弊，若者損過，若者酌中，中外臣工，亦既後先條議，海內喁喁，拭目以觀，厥成有日矣。而職猶有言者，以改絃之際，棼若治絲，阻力之多，堅同攻石。提裘者必挈其領，削株者必掘其根，愚者怵旦暮之害，而不知舉國大害之所存；黠者徇身家之利，而不知天下大利之所在。於是則新者雖布，而舊者難除；舊者不除，則新者亦敝。私黨相軋，將釀內憂；公理不明，益招外侮。蓋中國變法之難，有甚於歐西萬倍者，則人心風俗之殊也。如醫治疾，必攻其邪，而後乃可徐施補劑；若憚於攻，而謂輔正即以去邪，則補劑適足爲邪之助，而疾以不瘳，反使一二庸醫，得咎補劑之無益，豈不冤哉？今日之事，何以異此？謹擬三策，爲我皇上陳之。

一曰遷都。我朝沿明舊制，建都順天，昔輿地家建議宜遷者屢矣。然近今時勢，更非前日之比，順天負山面海，居高臨下，東有遼瀋根本之固，西有太行藩籬之險，以之馭內，未嘗不沛然有餘。然自日本一戰之後，德據膠澳，俄據旅大，英據威海，遼渤洋面，戰艦蜂屯，堂奧已危，門戶盡失。況俄人西伯利亞鐵路，直接東陲，我雖有蘆漢一道，尚未竣工，亦不過商旅通衢，無關兵要，而所許德人濟南一道，與英俄三晉運煤一道，皆接我幹路，橫綰中樞，要遮尤易。近聞俄人出所儲九千萬盧布整頓海運，其在本國及他國製造未成之船，計一等戰艦一艘，巡洋大艦一艘，小艦四艘，海防鐵甲一艘，砲艦二艘，雷船獵艇共三十餘艘，其舊有之百餘艦，尚不在內。又聞俄人擬開濬大連灣港口十六尺，估需英金一百六十萬鎊。其新聞紙昌言欲將黑海波羅的海艦隊全數移華，以與西伯利亞水陸相輔，計斯時英德艦隊，亦必力求抵制，日益增多，則我津滬海道，勢將中梗，全畿震動，南北不通，一旦有警，計將安出？

由陸則他人已遏蘆漢之衝，由海則盡成敵國，長江一帶，英將入保，倉皇四顧，倀倀何之？雖欲求南渡之臨安，恐亦不可得矣。夫都建業，都汴梁，都關中，前代已然之迹也。今改都建業，則長江爲各國通商要道，無險可憑；都汴梁則鐵路一通，難絕德人窺伺；都關中，則回紇近爲肘腋之患，而新疆西藏，又啓英俄戎心，不獨河運維艱，轉粟輸漕，難尋故道已也。且都東南則西北有鞭長莫及之患，都西北則東南有尾大不掉之虞。爲今之計，則莫如徙都荊襄，搤南北咽喉，四面不致臨敵，左宜右有，控馭無難，桑土綢繆，計無過此，且非徒地利然也。

以變法論，亦莫不以遷都爲便。俄人變法，由莫斯科建都彼得堡；日本變法，由西京徙都東京；即商鞅變法，亦由雍築冀闕以徙咸陽。誠以移步換形，耳目一更，則阻撓者無成法之可沿，創造者有新機之可藉，而舊法不變自變，新法不行自行矣。若慮室廬輜重，輿造轉徙，繇役繁多，則勾踐有臥薪嘗膽之仇，項羽有破釜沉舟之戰；即羽之入咸陽，燔秦宮室，與俄人之燔莫斯科積聚，皆杜他人覬覦之念，而絕其民留戀之心，前事可徵，意至深遠。語曰：爲天下者不顧家，不可不察也。此遷都之不宜緩者一也。

一曰借才。夫古之人君將以圖治，無不重用客卿，楚材晉用，具有明訓。吳用伍員而威強楚，秦用百里奚、由余而霸西戎，燕用樂毅而下齊城，歷觀史冊，往往羌胡異種，敵國俘餘，卒爲名將名臣，閎閱照於汗青，勳名垂於來葉者，指難僂計。況變法之始，尤當借才異地，昔俄彼得師傅乃英人美伊秀阿斯，其學士則荷人和斯德曼，其初造巨艦，則荷人排納德而、法人雷富卜德、英人哥登至握重權，爲之監國，即今得兒斯得意伯爵，其先亦德人，爲彼得宰相，前外相義兒斯亦非俄產。日本痛改舊制，初亦用英法荷人居多，二十年來，不但船廠器械，爭長歐西，即內治亦烝烝丕變，此其尤大彰明較著者也。

我朝康熙時，曾用南懷仁、湯若望改修時憲，同治時曾用英將戈登等助克蘇州，而美將華爾德、法將勒伯勒東達爾等，尤以死綏報國。近則船政製造之廠、兩洋海陸之軍、同文方言之館、海關稅務之司，無不延聘遠人，聿昭成效。然此乃迫於外交，或資教練，不得不然。至如內政重臣，則外人從無干預。職以爲不倣行西法則已，苟倣行西法，則一切內政，尤當廣聘東西各國名士，畀以事權，俾資贊助，收效必宏。如慮賣國爲奸，則以各國之強，似亦無藉此一人之力。況日本變法未久，新造之材，尤多傑出，甲午之役，則伊藤、陸奧，名震寰區。近日伊藤罷相，將欲來遊，藉覘國是，皇上如能縻以好爵，使近在耳目，博訪周咨，則新政立行，而中日之邦交益固。否則無論中國人材，萬難收效旦夕，即有一二新進有志之士，亦未必不見嫉老成，事多掣肘，及至身敗名裂，而國事已無可挽回。伊藤以敵國舊相，成績昭然，信任既專，威望自重，無所憚於變革，無所用其擠排，即與歐西交涉，亦當刮目相看，庶陰謀藉以稍戢，中國轉貧爲富，轉弱爲強，轉危爲安之機，實繫乎此，此借才之不可緩者一也。

一曰聯邦。中國論治，主閉主分，歐西論治，主通主合，蓋閉則智屈，通則智伸，分則力散，合則力聚。故士有學堂之合，農工商有公司之合，歐西所以強盛無他，亦在通與合二者而已。故論地形則同洲者先通先合，論種族則同種者宜通宜合，論文教則同文者可通可合。今歐美各國，與我洲異種異文，天之所限，勢難聯成一氣，易啓殺機。惟日本則不然，雖以島夷，國勢驟盛，進步之速，歐美憚之，顧急於自見，發難於我，受制俄人，致有唇亡齒寒之懼。雖與英交好，藉以制俄，識者料其後必出於戰，他日此勝彼負，則東半球平權之國，必且大變，況英徒以俄故親日，非我族類，其心必異。不幸英與俄和，則日本之勢孤，而國殆矣。

爲日本者，所親宜無過中國，以我幅員之廣，人民之眾，物產之饒，誠得與之聯合，借彼新法，資我賢才，交換智識，互相援繫，不難約束俄人，俾如君士但丁故事，則東西太平之局，可以長保，而祖宗締造之業，亦鞏如磐石矣。此事若在歐西，即合爲一國，亦不爲怪，挪威以合於瑞典而得自存，匈牙利以合於奧地利而以不滅，他如意、德以眾國合成而稱帝制，既無礙自主之權利，而有關兩國之存亡，故坦然行之，並無猜忌。況俄以未得志於土耳其阿富汗，始注意亞東，事繫全球，志不在小。解紛排難，惟在中國之自強；中國之自強，惟在日本之相助。英人保泰持盈，其所要求，亦對待於俄而不得已耳，其實商務之外，無志他圖。此舉若成，則俄人不敢出太平洋，必將修弭兵之會，而與各國長以玉帛相見，則豈獨中日之願，當亦環球之大願，數千萬萬黃白種之生靈，所禱祀而求者也，此聯邦之不可緩者一也。

以上三策，皆本原大計，及時爲之，可操全算，失時不務，則強鄰四逼，南北華離，根本動搖，中原鼎沸，繞樹三匝，枝無可依，市駿千金，骨將何用？四百兆孝孫順子，盡皆奴虜之才，二萬里沃壤神皋，無復黃炎之裔；義士則肝腦塗地，抱趙璧以難完，忠臣則血淚交枯，哭秦庭而無路。得鹿者勢成一統，失鹿者殃及五洲，蒼蒼者天，胎此奇禍，不其恫歟？

若謂描摹西法，損益成規，略示斡旋，稍加變通，是則武靈胡服，尚難襲貌遺神；安石周官，行將變本加厲。希臘埃及，孰非西法而日以敗亡，西班牙孰非西法，而亦大敗於美。況我海軍未能恢復，豈敢遽言強兵，而泉貨外流，脂膏日竭，如人病瘵，又患癱疽，勢且不支，苟延何補？職竊意皇上如欲變法自強，則統籌全局當務之急，舍此末由。冒死上言，恭應明詔，未忍襲雷同之說，何敢辭斧鉞之誅，伏願皇上計慮萬全，折衷一是，早從曲突徙薪之策，俾盡揮戈迴日之誠。詩曰：「畏天之威，于時保之。」又曰：「心之憂矣，疢如疾首。」螻蟻微忱，惟垂睿察。職不勝惶迫屏營之至，伏乞代奏皇上聖鑑。謹呈。

（錄自中國史學會編：《戊戌變法》第二冊，頁三六二～三六六。上奏時間原繫於六月，據茅海建《戊戌變法史事考》一書之考證，改爲七月二十四日）

二、〈掌廣西道監察御史楊崇伊摺〉光緒二十四年八月初三日

掌廣西道監察御史臣楊崇伊跪奏，爲大同學會蠱惑士心、紊亂朝局、引用東人，深恐貽禍宗社，籲懇皇太后即日訓政，以遏亂萌，恭摺仰祈慈鑒事。臣維皇上入承大統，兢兢業業二十餘年，自東瀛發難，革員文廷式等昌言用兵，遂致割地償款。兵禍甫息，文廷式假託忠憤，與工部主事康有爲等，號召浮薄，創立南北強學會，幸先後奉旨封禁革逐，未見其害。乃文廷式不思悔過，又創大同學會，外奉廣東叛民孫文爲主，內奉康有爲爲主，得黃遵憲、陳三立標榜之力，先在湖南省城開講，撫臣陳寶箴傾信崇奉，專以訕謗朝廷爲事，湘民莫不痛恨。

今春會試，公車駢集，康有爲偕其弟康廣仁及梁啓超來京講學，將以煽動天下之士心。幸士子讀書明理，會講一二次，即燭其奸詐，京官亦深知其妄，偶有貪鄙者依附之，而吐罵者十居八九。不知何緣，引入內廷，兩月以來變更成法，斥逐老成，藉口言路之開，以位置黨羽。風聞東洋故相伊藤博文，即日到京，將專政柄。臣雖得自傳聞，然近來傳聞之言，其應如響。伊藤果用，則祖宗所傳之天下，不啻拱手讓人。

臣身受國恩，不忍緘默，再四思維，惟有仰懇皇太后，追溯祖宗締造之艱，俯念臣庶呼籲之切，即日訓政，召見大臣，周諮博訪，密拏大同會中人，分別嚴辦，以正人心。庶皇上仰承懿訓，天下可以轉

危爲安。

臣愚昧之見，繕摺密陳，伏乞皇太后聖鑑。謹奏。

（收於《戊戌變法檔案史料》，頁四六一。）

三、〈山東道監察御史楊深秀摺〉光緒二十四年八月初五日

山東道監察御史臣楊深秀跪奏，爲時局艱危，拚瓦合以救瓦裂，恭摺仰祈聖鑑事。竊近來時事孔棘，勁敵環伺，臣嘗慮皇上變法自強之計，雖如救火追亡，猶恐緩不逮事，而士大夫守舊夢夢者，尚疑爲故甚其辭，以聳聽聞。前者敵人顯繪瓜分之圖，明倡破竹之說，而此輩反詆謂康有爲所僞造，竟似臣等甘徇友黨，共蔽聖聽者。今不幸而此變萌芽果現，謂之何哉。

臣聞德法諸國，皆言中華守舊者阻力過大，積成痿痺，商之不理，嚇之不動，只宜武斷從事，謀定而發，即爲所欲爲耳。用是共會於俄都之森彼得堡，悍然宰割天下，碎裂中原，俄則分我燕、晉、秦、隴，法則分我閩、廣、滇、黔，德則分我山東、河南。英人雖本無此志，亦不得不藉手於吳、越、荊、益，以求抵制。各國重復繪圖，明畫分界。兼聞英艦七艘已至大沽，可以保權利，可以敵合縱，即可以

恫喝吾華。其餘諸國，亦轉瞬即來耳。嗚乎，此語前年已洩各報，登之屢屢，通國皆知。而卒被守舊者聚謀掣曳，致皇上新政不能徑布，良謀不得速行，雖食誤國者之肉，又何補於危亡哉？夫白刃交前不救流矢，死中求生之際，豈暇更顧此輩之顏面乎？

臣聞刑部主事洪汝沖所上封事中，有遷都、借才兩說，而其最要最要者，莫過聯結與國之一條，蓋亦深恐新政不及布置，猝爲強敵所乘，蹈波蘭之覆轍耳。猶憶前冬膠澳事急，臣嘗建聯結英、美之計；今夏奏請王公遊歷，臣又曾有日本宜結之論。今該主事所見與臣闇合，而其語之痛切尤過於臣，是誠按切時勢之言也。

昨又聞英國牧師李提摩太，新從上海來京，爲吾華遍籌勝算，亦云今日危局，非聯合英、美、日本，別無圖存之策。臣素知該牧師歐洲名士，著書甚多，實能申明大略，洞見本原。況值日本伊藤博文遊歷在都，其人曾爲東瀛名相，必深願聯結吾華，共求自保者也。未爲借才之舉，先爲借箸之籌。臣尤伏願我皇上早定大計，固結英、美、日本三國，勿嫌合邦之名之不美，誠天下蒼生之福矣。

時值艱危，謹恭摺密陳，伏乞皇上聖鑑施行。謹奏。

（收於《戊戌變法檔案史料》，頁一四～一五。）

四、〈掌山東道監察御史宋伯魯摺〉

光緒二十四年八月初六日

掌山東道監察御史臣宋伯魯跪奏，為事變日亟，請速簡重臣，結連與國，以安社稷而救危亡，恭摺仰祈聖鑑事。昨聞英國兵艦七艘已駛入大沽口，聲稱俄人將大舉南下，特來保護中國。又聞俄君在其彼得羅堡，邀集德、法、英各國，議分中國，繪圖騰報，俄分滿、蒙、燕、晉、秦、隴，法分閩、廣、滇、黔，德分山東、河南，英分吳、越、荊、益。眈眈環視，旦夕宰割，是昔僅有其言者，今將見諸實事。危急存亡，變在頃刻。若不急籌善法，一旦分裂，悔將何及。

昨聞英國教士李提摩太來京，往見工部主事康有為，道其來意，並出示分割圖。渠之來也，擬聯合中國、日本、美國及英國為合邦，共選通達時務、曉暢各國掌故者百人，專理四國兵政稅則及一切外交等事，別練兵若干營，以資禦侮。凡有外事，四國共之，則俄人不敢出；俄不敢出則德、法無所附，勢必解散。吾既合日，彼英與日素善，不患不就我範圍。英、俄之尋釁也，其萌芽在數年以前，而藉口於蘆漢鐵路，其不肯讓俄尺寸也，亦猶俄之不肯讓英耳，其必出於戰，固也。然而英勝則施其權力以制俄，而我將為英有，俄勝則更不可問。昨聞二國已在琿春開仗，城門失火，殃及池魚，竊恐我中國從此無安枕之日矣。事機甚迫，間不容髮，失今不圖，兩國勝負一決，我將歸其席卷矣。言之能勿痛心。

今擬請皇上速簡通達外務、名震地球之重臣，如大學士李鴻章者，往見該教士李提摩太及日相伊藤博文，與之商酌辦法，以工部主事康有爲爲參贊，必能轉禍爲福，以保乂我宗社，奠安我疆土。時至今日，危急萬分，守舊之言萬不可聽。伏願皇上獨奮乾斷，速下明詔，則四萬萬生靈，庶不至淪於異類，天下萬世幸甚。

臣發憤迫切，披瀝上陳，伏乞皇上聖鑑。謹奏。

（收於《戊戌變法檔案史料》，頁一七〇。）

附錄二

《大東合邦論》與《大東合邦新義》互校記——兼論晚清「合邦論」在中國的發展

一、前言

《大東合邦論》一書，爲日本人森本藤吉所撰，明治二十六年（清光緒十九年，一八九三）八月出版。內容鼓吹日本與韓國應該合併爲一聯邦，國號爲「大東」，故其書名之爲「大東合邦論」。該書爲了向韓人宣傳「合邦」的理念，特地用漢文（中文）撰寫，森本藤吉在該書的〈凡例〉中說道：「本書用漢文者，欲使朝鮮人、支那人皆讀之也。」[1]

《大東合邦論》出版的第二年，光緒二十年（一八九四），爆發了中日甲午戰爭，日本入侵朝鮮，打敗了清朝，逼迫清朝於光緒二十一年（一八九五）簽下了喪權辱國的馬關條約。甲午戰爭的失敗，促使部分中國知識份子開始大力鼓吹變法改革，當時主張變法改革的知識份子，以康有爲及其弟子梁啓超最爲知名。爲了鼓吹變法改革與推廣西方學說，梁啓超於光緒二十三年（一八九七）在上海創立大同譯書局，由康有爲的胞弟康廣仁擔任經理。大同譯書局創設後，刊印了多種書籍，例如《地球十五大戰紀》（賴鴻翰譯，一八九七）、《俄土戰紀》（湯叡譯，一八九七）、《英人強賣鴉片記》（湯叡譯，一八九八）、《日本變法由遊俠義憤考》（康同薇纂，一八九八）、《意大利興國俠士傳》（一八九八）等譯著，以及康有爲撰寫之《新學僞經考》（一八九七）、《孔子改制考》（一八九七）、《春秋董氏學》（一八九七）、《南海先生五上書記》（一八九七）、《南海先生七上書記》（一八九八）、《中西學門徑書七種》（一八九八）等維新派論著。其中《新學僞經考》、《孔子改制考》爲康有爲宣傳變法的代表作，大同譯書局將其書再次刊印發行，在當時造成了極大的影響。

不過，在康有爲、梁啓超積極鼓吹變法改革，大同譯書局大量翻譯日本與西方的各種書籍時，《大東合邦論》也被引進中國，由大同譯書局出版，並易名爲《大東合邦新義》。大同譯書局的主事者梁啓超，爲何要翻印這部宣傳日韓「合邦」的書？這一問題，值得令人玩味。

本人在本書正文中，曾提出戊戌政變發生的原因，在於康有爲、楊深秀等變法派官員，對外國的政治知識相當薄弱幼稚，因此在英國傳教士李提摩太（Timothy Richard）、日本前首相伊藤博文的遊說之下，向光緒皇帝上奏提出了「合邦」的建議。慈禧太后在得知情況危急之後，才當機立斷發動政變，阻止了「合邦」計畫，挽救了清朝被外國瓜分的危局。究竟戊戌變法時期的「合邦」論，與《大東合邦新義》在中國出版，兩者之間有何關係？這一點也值得我們加以了解。

本文即從《大東合邦論》與《大東合邦新義》的出版開始，比較《大東合邦新義》與《大東合邦論》兩書的差別，並進而分析《大東合邦新義》在中國出版的眞正意義何在。希望透過本文的介紹，可以讓我們對晚清政治的發展，得到更進一步的認識。

二、《大東合邦論》與《大東合邦新義》之比較

森本藤吉《大東合邦論》一書，出版於明治二十六年八月，該書凡例、目錄與正文之前，有岡本監輔、香月恕經二人所撰之序文；正文每頁十二行，每行二十三字，另有小字雙行註釋；正文的上方有眉批欄；正文之間，有圈點標示重點，並有日本人訓讀漢文時使用的「返り点」，以便日人閱讀。（如附圖一）

《大東合邦論》的各章目錄如下：

1. 序言
2. 國號釋義
3. 人世大勢　上、下
4. 世態變遷　上、下
5. 萬國情況

東鳴曰丹芳文中未見此等絕大絕奇之起法

合同利害

大地圓形也東面爲晝則西面爲夜而時運回轉亦有似晝夜者昔時開明之大陽輝于亞細亞之中天爾來西漸而麗乎歐米之半空古光被四表者今如黑闇夜半古彷徨蒙昧者今似開明日中然天運循環無往不復亞洲太陽必再自東方出矣熟察東方時運雞已鳴天將曙之辰也我日本位亞洲之東極宜爲先覺者以破友國之迷夢導諸富强開明之域是在東極冠東號者之義務也況於親和合同爲東人天賦之性乎

大東時運其如此矣我大東人士以何策致富强開明乎蘇羅門曰生殺與奪集散離合皆有時司馬徽亦曰知時務在俊傑誠宜察其時從其務也余有望焉乃論人世大勢以明

圖一：《大東合邦論》書影

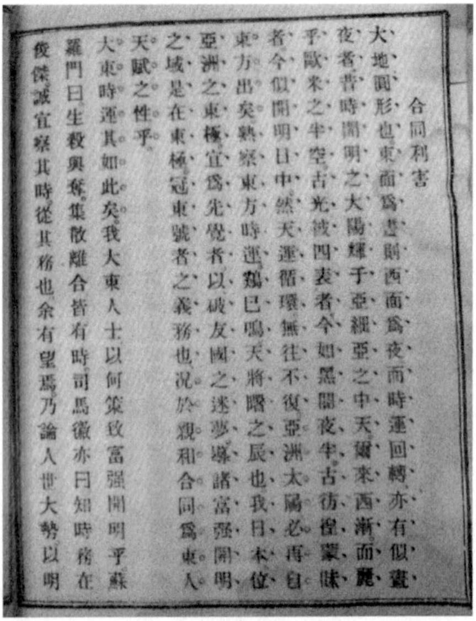

合同利害

大地圓形也東面爲晝則西面爲夜而時運回轉亦有似晝夜者昔時開明之大陽輝于亞細亞之中天爾來西漸而麗乎歐米之半空古光被四表者今如黑闇夜半古彷徨蒙昧者今似開明日中然天運循環無往不復亞洲太陽必再自東方出矣熟察東方時運雞已鳴天將曙之辰也我日本位亞洲之東極宜爲先覺者以破友國之迷夢導諸富强開明之域是在東極冠東號者之義務也況於親和合同爲東人天賦之性乎

大東時運其如此矣我大東人士以何策致富强開明乎蘇羅門曰生殺與奪集散離合皆有時司馬徽亦曰知時務在俊傑誠宜察其時從其務也余有望焉乃論人世大勢以明

圖二：《大東合邦新義》書影

6. 俄國情況
7. 漢土情況
8. 朝鮮情況
9. 日本情況
10. 日韓古今之交涉
11. 國政本元
12. 合邦利害
13. 聯合方法
14. 論清國宜與東國合縱

附錄

1. 宇內獨立國一覽表

其中〈合邦利害〉一章，在正文中作〈合同利害〉。

上海大同譯書局出版的《大東合邦新義》，出版於光緒二十四年（一八九八）二月，梁啓超的學生陳霞騫（高第）校訂，正文之前有梁啓超序，正文每頁十二行，每行二十三字，原則上是依照《大東合邦論》翻印而成，但省略了正文的上方的眉批欄以及正文之間的「返り点」。（如附圖二）由於《大東合邦論》原本即用中文書寫，所以《大東合邦新義》本應不必作任何改動，但實際上比較《大東合邦論》與《大東合邦新義》二書，可以發現《大東合邦新義》改動之處甚多，現將《大東合邦新義》一書改動之處，加以舉例說明，並以《大東合邦論》原文對照，以見其改動之跡。

第一種改動方式，爲簡單的將《大東合邦論》使用的詞彙，改爲中國較常用的詞彙。在各節標題中，已有部分略作更動。《大東合邦論》的〈漢土情況〉一章，《大東合邦新義》改爲〈中國情況〉；《大東合邦論》的〈論清國宜與東國合縱〉一章，《大東合邦新義》改爲〈論中國宜與東國合縱〉。至於內文部分的修改，限於篇幅，僅能略舉數例如下：

《大東合邦論》	《大東合邦新義》
我國望清國之富強開明，而清國不望之於我東方以相親，則共受永遠不測之禍矣。西人稱東方有海陸二強國，即日本、支那是也。（頁一三三）	日本望中國之富強開明，而中國不與日人竭肝膽以相親，則共受永遠不測之禍矣。西人稱東方有海陸二強國，即中國、日本是也。（頁六六上）
大東合邦之事，自清人觀之，則爲友國開富強隆盛之基者，義宜贊助之也。今日韓相合乎，土地之廣陜（狹），人口之多寡，迥不及清國，何所顧忌之有？（頁一三五）	大東合邦之事，自華人觀之，則爲友國開富強隆盛之基者，義宜贊助之也。今日韓相合乎，土地之廣陜（狹），人口之多寡，迥不及中國，何所顧忌之有？（頁六七上）

這類的改動之處非常多，故不一一贅舉。這種改動方式將日人自稱的「我國」，改爲「日本」；或

將日人常用的「清國」、「支那」等詞彙，改爲「中國」；將「清人」改爲「華人」，使該書較適合中國人的閱讀習慣，尙無可厚非。不過，前引文之中，《大東合邦論》中「土地之廣陜」一語，「陜」應爲「狹」字之誤，這一明顯的錯字，校對者卻未作修改，可見校者改動的重點，在於修改不適合中國國情與閱讀習慣之文字。當時任職翰林院編修的蔡元培批評說道：「漢土例改中國，我國或改日本，皆無關宏旨；挖改之文，以遷移行墨，多無聊語，至乃改李鴻章爲某總兵，可笑甚矣。」[2]可見蔡元培認爲這種修改，實屬「無聊」、「可笑」的多餘之舉。

第二種改動方式，則改動稍多，甚至改變了原書的意義。茲舉數例如下：

《大東合邦論》	《大東合邦新義》
余夙聞森本君之名，而未識其人，明治十八年，君來寓我筑數月，余往訪之，君探篋中，出一書示余，題曰大東合邦論。（香月恕經序，頁一）	余夙聞森本君之名，而未識其人，明治二十一年，君來寓我筑數月，余往訪之，君探篋中，出一書示余，題曰大東合邦新義。（香月恕經序，頁一上）
明治癸巳六月梅雨濛濛之日，書于福陵客舍，筑前晦處香月恕經撰。（香月恕經序，頁七）	明治三十年六月，筑前晦處香月恕經序。（香月恕經序，頁二下）
舉兩國通有之利，則更有可言者焉……八日最受清俄二國之敬畏。（頁一一三）	舉兩國通有之利，則更有可言者焉……八日最受英俄二國之敬畏。（頁六一上）

《大東合邦論》	《大東合邦新義》
今朝鮮國王實臣事清廷矣，然其國之自主，既爲萬國所認，安可使其民爲他邦之奴隸哉？（頁一三一）	今朝鮮國王實臣事中國矣，然其自主之權，猶未滅也，既爲萬國所認，安得仍分其軒輊哉？（頁六五上）
然清之致大國，素非協議以合之，而今與我東方合，使我東方參其大政，則亦不可不使漢土、韃靼、蒙古、西藏諸邦，復其自主，而參其大政也。清廷許之，則可；若不許之，則彼此不得平衡之權利，其不得平衡者，必將抱不滿以發叛亂之念。熟察清國今日之情，其未許之也明矣。（頁一三二～一三三）	然中國之大，蓋素非協議以合之，而今倅與東方合，使東方得參其大政，則亦不可不使從前、韃靼、蒙古、西藏諸邦，復其自主，而參其大政也。中國許之，則渙；若不許之，則彼此不得平衡之權利，其不得平衡者，必將抱不滿以發叛亂之念。熟察中國今日之情，其未許之也明矣。（頁六五下～六六上）
抑清太祖，不世出之明主也，其深慮遠謀，非後人所企及。太祖再襲朝鮮，陷之而不滅其國者，何也？非朝鮮兵強而不能克之之故也，又非以博愛慈仁之心襲之也，太祖之志在西南，而不在東方。（頁一三六～一三七）	抑其太祖，不世出之明主也，其深慮遠謀，非後人所企及。太祖再襲朝鮮，陷之而不滅其國者，何也？非朝鮮兵強而不能克之之故也，又非以石田無用而棄置之也，太祖之志在西南，而不在東方。（頁六七下～六八上）

從以上的引文中，我們可以發現：《大東合邦新義》更改了《大東合邦論》的出版日期。《大東合邦論》出版於明治癸巳年，即明治二十六年（光緒十九年，一八九三）；《大東合邦新義》則改爲明治三十年（光緒二十三年，一八九七）。更改的原因，除了標榜大同譯書局翻譯之書，爲日本最新

的政治理論之外，筆者推測另一個可能的原因應該是《大東合邦論》出版的次年，即發生中日甲午戰爭，日本入侵朝鮮，若將出版時間放在明治二十六年，則容易使人將「合邦」與「侵略」劃上等號，故將出版時間改爲明治三十年。相對的，香月恕經自言與森本藤吉在筑前見面的時間，也從明治十八年（一八八五）更改爲明治二十一年（一八八八）。然而這種改動卻有一問題，甲午戰爭以前，朝鮮爲清朝之屬國，故前引《大東合邦論》中說「今朝鮮國王實臣事清廷矣」，並無錯誤；但《大東合邦新義》將出版時間改爲明治三十年，則已在甲午戰爭之後，李氏朝鮮更在一八九七年底改稱大韓帝國，早已不是中國的屬邦，《大東合邦新義》仍說「今朝鮮國王實臣事中國矣」，顯然與當時的事實不符，而露出了破綻。

《大東合邦論》中一些對清廷不敬的詞句，在《大東合邦新義》中也作了改動。在前引文中，《大東合邦論》認爲日韓如果合邦，「最受清俄二國之敬畏」；《大東合邦新義》的校者可能認爲堂堂大清竟然會「敬畏」日韓合邦形成的新國家，有損清朝之尊嚴，故改爲「最受英俄二國之敬畏」。

又如前引《大東合邦論》稱朝鮮「然其國之自主，既爲萬國所認，安可使其民爲他邦之奴隸哉？」將臣服於清朝的朝鮮說成是「他邦之奴隸」，顯然否定了宗主國清朝對朝鮮之「恩德」，故《大東合邦新義》改爲「然其自主之權，猶未滅也，既爲萬國所認，安得仍分其軒輊哉？」

《大東合邦論》認爲清國如果要加入日韓合併後的「東方」，則必須要將漢土、蒙古、西藏各自自主，不再受滿人的統治，「清廷許之，則可」；但《大東合邦新義》卻改稱「中國許之，則渙」，認爲中國如果同意，則會四分五裂。顯然《大東合邦新義》不同意先將中國分成「從前」（即漢人之地）、韃靼、蒙古、西藏幾個部分，再加入「東方」的作法。這一改動，維持了清朝皇帝爲全中國統治者的權威。

《大東合邦論》談到清太祖努爾哈赤攻打朝鮮，「陷之而不滅其國」，「非以博愛慈仁之心襲之也」；但《大東合邦新義》則改爲「非以石田無用而棄置之也」，似乎認爲原書影射清太祖無博愛慈仁之心，有所不妥，故更改之。

以上這些改動，反映了《大東合邦新義》的校者維護清廷滿人地位的用心，筆者推測，《大東合邦新義》出版於光緒二十四年二月，當時康有爲已逐漸受到光緒皇帝的重視，變法改革即將展開，故《大東合邦新義》的校者特別注意維護清廷滿人的統治地位，以免授人以柄，影響光緒皇帝對康有爲的信心。

第三種改動方式，則爲整段文字全部刪除或更改。蔡元培曾指出：「〈日韓古今交涉論〉則必無兵革之慘矣以下，元本多二十四行，適充一頁，此以前五、六行有違礙語，遂牽連刪二十行，以就篇幅，其專輒如此。」[3]蔡元培所言《大東合邦新義》刪去一整頁之處，核對《大東合邦論》原文，爲〈日韓古今交涉〉的部分文字：

（苟朝鮮而守局外，中立不動，則必無兵革之慘矣。）而其被兵禍者，由代明拒我也；明之所以援朝鮮者，其實自防也，非為朝鮮也。明氏宜德朝鮮，朝鮮豈有德明之理哉？夫漢土自漢土，朝鮮自朝鮮，而朝鮮專恃漢土，何其陋也。自古漢土遇朝鮮，常恃自國之大，以奴隸視之。朝鮮之於漢土，何恩之有？而以媚漢土為大義，使人民陷水火，何其自視之不明也。蓋朝鮮懼漢土之大，以奉承為國是，遂致喪其自主之心，習慣成性，而不自悟也，可勝歎哉？[4]

這段文字中，森本藤吉認為豐臣秀吉本欲攻打明朝，而非朝鮮，朝鮮是「代明拒我」，才遭受到戰爭之禍。森本藤吉又認為「漢土自漢土，朝鮮自朝鮮」，徹底否定中國與朝鮮之間宗主國與藩屬國的關係。這一說法，反映了甲午戰爭之前，森本藤吉等日本人士認為中國宗主國的地位，是日本在朝鮮擴張利益的最大障礙，因而主張徹底否定中韓宗藩關係，將中國勢力逐出朝鮮。不過《大東合邦論》認為豐臣秀吉無意侵略朝鮮說法，一方面扭曲了歷史，一方面《大東合邦新義》出版時，為甲午戰爭結束後三年，中國人對於甲午戰爭之中，中國為了藩屬國朝鮮付出慘重代價之事，尚記憶猶新，因此否定中韓宗藩關係的言論，將難以被當時中國朝野的輿論所接受，因此《大東合邦新義》不但將這段文字全部刪除，更為了消除刪削的痕跡，將下一段文字也完全刪除，前後共刪去兩頁（中國版式為一整頁）。

關於整段文字的刪改，茲再舉一例如下：

《大東合邦論》	《大東合邦新義》
余更有欲爲清國一言者焉，夫清國者，滿人以兵力併諸大國而所成者也，其各邦民族以漢人爲最多，漢族雖外形服之，然未必心服，而其抱恢復之念者，亦不寡矣。而今日滿漢強弱，有與昔日相反者。顧今日戰爭之勝敗，不因身體之健輭、膂力之強弱，而專因器械之精粗，其精銳之利器，則購諸海外諸國者多矣。今清國漢族所居皆濱海，而滿人根據，遠于海濱；且清國今日之富，在南方漢族，故謀恢復者，必將自南方起矣。當此時，則清廷將假英法之兵以鎭之，而英法果可常恃乎？彼之根據既在東亞，其報酬與昔日不同也，則何以待之乎？凡謀反興兵者，豫算成敗之數而起，故少算則不叛也。今清國與我東方合縱，而根本鞏固，則雖有叛心，不能起，是不勞兵而制漢族之心也，慮清國平安者，宜致思焉。（頁一三九～一四〇）	余更有欲爲中國計者焉，夫地球積面，諸教蕃布，救世教居其七，儒、釋、道、回回等教居其三，則孔教之微，可概見矣。況乎彼教徒侶，堅忍不拔，歷洋海而如接，蹈湯火其如飴，自順治年間，荷蘭通市以來，凡屬教士，作奸犯科，訛詐鄉愚，欺凌孤弱等，種種弊竇，更難僕數，此疆臣所以掣肘，黎庶所由切齒者也。倘與東方諸國，刱立縱約，掊擊異類，恢閎教宗，使泰西教士，裹足而不敢前；叛教頑民，竄身而無可據，則孔教章明，有可翹足而待者。昔印度拒額力士教，德國逐耶蘇會，葡萄牙、西班牙皆藉教黨財產入官，意大利封教堂七十餘間、簿錄其產，日本亦能撤教堂、逐教士、與民更新，而中國猶瞑然鼾睡焉，是何心哉？曾印度、葡萄牙之不若耶？其不爲白人所笑者鮮矣。（頁六九上～六九下）

在前引文字中，《大東合邦論》直接挑戰當時中國最敏感的禁忌話題——滿漢矛盾，並認爲漢人勢力已大過滿人，且漢人心有恢復之志。雖然《大東合邦論》認爲清廷與東國合縱是壓制漢人的好方法，但過份強調滿漢的矛盾，可能會讓剛剛受到光緒皇帝重視的康有爲，失去皇帝的信任，並加深滿人對康

有爲的敵意，故《大東合邦新義》將這段話完全刪去，另補寫一段文字，強調信仰儒家思想的東方諸國如果聯合起來，可以對抗西方基督教國家的侵略。

由上可見，《大東合邦論》雖然用中文寫成，但是由於內容詞彙與中國不同，若干詞句有對清廷不敬之處，甚至直接挑動清廷最敏感的神經——滿漢矛盾，因此大同譯書局在出版《大東合邦新義》時，作了許多修改，以便該書能符合當時中國的國情。

三、《大東合邦論》與《大東合邦新義》的出版背景

《大東合邦論》出版於甲午戰爭爆發的前一年，森本藤吉撰寫此書的目的，是希望日本與韓國合併爲一國，因此撰寫此書，向韓人宣傳「合邦」的好處。岡本監輔在所撰的序文中，引用森本藤吉的話說道：「今日急務，莫如合我與朝鮮爲一大聯邦，著一書曰『大東合邦論』。」[5]香月恕經則在序文中進一步指出：「夫所謂虎狼無飽者，今日歐人之狀也；東邦合和，折衝禦侮，固爲當今之急務，雖以韓人之頑冥，若一念及今日之形勢，則必將有悚然而懼，翻然而悟者矣。」[6]香月恕經強調唯有東方國家合爲一國（東邦合和），才能抵抗西方帝國主義的侵略。森本藤吉在〈序言〉中亦解釋提倡合邦的理由，森本藤吉說道：

> 方今世界日新，千里之行，一日而達；萬國之信，瞬間而通；古嘗以絕域目之者，今則爲比鄰；古嘗以殊俗待之者，今則爲和親。我日韓兩國，其土唇齒，其勢兩輪，情與兄弟同，義與明（朋）友均。而兩國形勢，日趣開明，又何爲相疑哉？東方文明之曙光，已映射兩國矣，而迷夢未覺，依然泥古，不可謂知時務者也。宜表一家同族之情，相提攜扶持，以從事當世之務也。抑一指不可以持，隻腳不可以行，欲發達智識，以進開明之域，則莫如兩國締盟爲一合邦。和也者，天下之達道，天地間豈有和而不成者哉？[7]

森本藤吉認爲世界日新，交通日便，日韓兩國應該順應時勢所趨，締盟爲一合邦，共同走向開明進步的境界。這段文字表面上看起來，日韓兩國的地位是平等的，合邦的結果是互利的。但是，森本藤吉在《大東合邦論》中又說道：

> 國人嘗有唱征韓論者，夫戰而取之，則必疲靡國力，以買其怨。論者知之，而猶欲取之者，恐外人據此地也。今協議以合之，其爲大幸。果何如也？蓋持大公以合之，則我不用兵而取朝鮮也，朝鮮亦不用兵而取日本也，一將之功不成，而萬人之骨則無枯矣。以費于兵爭之資，誘朝鮮之開明，則是不買怨而樹德也。合邦豈日本之不利哉？[8]

從森本的這段話中，我們可以看出森本認爲以軍事力量占領朝鮮，是「疲靡國力，以買其怨」的吃力不討好之舉；若是採用合邦的辦法，則可不費一兵一卒，「誘朝鮮之開明」，達到控制朝鮮的目的。顯然森本藤吉是主張採取這種方式，取代傳統軍事上的占領征服，達到兼併朝鮮的目的。所以說穿了，「合邦」只不過是藉團結合作之名，達到侵略兼併的目的，是日本野心家對韓國的政治宣傳口號而已。

不過，韓國歷來敵視日本，因此日本要說服韓人接受「合邦」的觀念，進而與韓國達成合邦，必須有別出心裁的辦法。香月恕經指出：

> 然二國氣運，未至合同之期，我邦人常侮蔑彼之貧弱，而彼亦久啣豐公一舉（按：指豐臣秀吉入侵朝鮮之役），常抱猜疑於我，恐認合同爲併吞，徭長計爲欺術矣。若更招別國，與彼無宿怨者，爲三國合同，則彼不復疑我而事集矣。[9]

香月恕經認爲，若日本直接向韓人提出合邦的要求，容易引起韓人的懷疑，認爲日本有併吞韓國的野心。因此，要使韓人無疑，可以再招一國，進行「三國合同」，如此則韓人較不易懷疑日本的用心。香月恕經的這種觀點，在《大東合邦論》之中，得到了森本藤吉的呼應。森本在書中以一章的篇幅鼓吹「清國宜與東國合縱」，認爲「日韓合邦，固不可不如此；設與清國合，亦不可不如此也。」[10]似乎認爲中國也應該與日本、韓國合爲一國。

不過，如果考慮《大東合邦論》出版時，甲午戰爭仍未爆發，在日本眼中，清朝的軍事力量仍然十分強大，尤其是號稱「東洋第一」的北洋艦隊，最爲日本所忌憚，因此如果中國也加入「合邦」的計畫，日本就必須擔心日本、韓國皆爲中國所併吞，所以森本藤吉隨即強調：

> 然清之致大國，素非協議以合之，而今與我東方合，使我東方參其大政，則亦不可不使漢土、韃靼、蒙古、西藏諸邦，復其自主，而參其大政也。清廷許之，則可。[11]

森本又爲中國加入日韓合邦設定了條件，中國如果加入合邦，滿人就不能再以當時大清帝國完整版圖的主人自居，必須先讓漢土（漢人的土地）、韃靼、蒙古、西藏「復其自主」，而這一條件，絕對無法爲當時的大清帝國所接受。森本藤吉一方面認爲中國應該加入日韓合邦，另一方面又爲中國加入合邦設定了嚴苛而無法達到的條件，然後森本藤吉認爲「熟察清國今日之情，其未許之也明矣」，認爲中國絕不會加入合邦，故主張與中國「合縱」，亦即外交上的結盟，森本藤吉說道：「合縱與合邦，自異其制，今與清合縱，彼我無所妨也。」[12]因此，森本藤吉撰寫《大東合邦論》的目的，只求與韓國合併，並不希望「強大的中國」加入；但是爲了要說服韓人，所以一方面說中國也應該與日韓合邦，一方面又爲中國加入合邦定下了嚴苛的條件，使中國只能退而求其次，與大東國「合縱」，日本則可獨享朝鮮之利益。

不過，甲午戰爭之後，清朝如同被戳破的紙老虎，日本不但不再畏忌清朝，反而十分輕視。而中國因爲甲午戰爭的失敗，國內仇日情緒高張，光緒二十一年四月，也就是馬關條約簽訂後不久，康有爲計畫率領各省舉人，在北京向都察院陳情上書，此即著名的「公車上書」事件。康有爲在奏章中寫道：

夫言戰者固結民心，力籌大局，可以圖存。言和者解散民體，鼓舞夷心，更速其亡。以皇上聖明，反覆講辯，孰利孰害，孰得孰失，必當獨斷聖衷，翻然變計者。不揣狂愚，統籌大計，近之爲可和可戰，而必不致割地棄民之策；遠之爲可富可強，而斷無敵國外患之來。伏乞皇上下詔鼓天下之氣，遷都定天下之本，練兵強天下之勢，變法成天下之治而已。【13】

康有爲認爲主戰者是「固結民心」，主和者則是「解散民體」，可見當時的康有爲的態度是反對與日本議和，積極主戰；康有爲還要皇帝下詔、遷都、練兵、變法，主張對日作戰與政治改革應該並行。

爲了改變中國仇日的輿論，日本方面花了許多工夫，光緒二十二年（日本明治二十九年，一八九六），日本政界元老犬養毅主張「對於中國問題，則殊不易辦，故確立對華政策，實爲當務之急。」隨後，光緒二十三年，日本「大陸浪人」宗方小太郎在上海與李盛鐸、羅誠伯、梁啓超、汪康年等人來往，商討復興亞洲的策略。據宗方的日記記載，李、羅等人認爲「日清聯合之事，爲在野志士所熱望，無論政府方針爲何，兩國志士之互助合作，實爲當務之急」；梁啓超則說「中國之天下爲滿人破壞，欲圖挽回，非脫離滿人之羈絆不可」。當時的中國知識份子，由於甲午戰爭的刺激，開始意識到自己對國家的責任。又看見日本因變法而強的事實，並且在日本工作人員的遊說之下，走上了親日的道路。[14]我們也可以發現，康有爲的弟子梁啓超與日人關係密切，日本似乎已經把注意力，放在當時積極主張變法改革的康、梁等人身上。

在日本的接觸之下，康有爲對日本的態度也有了很大的轉變。光緒二十三年十二月，康有爲在上書光緒皇帝，說道：「日本地勢近我，政俗同我，成效最速，條理尤詳，取而用之，尤易措手。」[15]康有爲認爲日本「地勢近我，政俗同我」，故最值得中國學習。而「戊戌六君子」之一的楊深秀，在戊戌變法前亦上奏言道：

> 頃聞日人患俄人鐵路之逼，重念唇齒輔車之依，頗悔割台，相煎太急。大開東方協助之會，願智吾人士，助吾自立，招我遊學，供我經費，以著親好之實，以弭夙昔之嫌，經其駐使矢野文雄函告譯署。我與日人隔一衣帶水，若吾能自強復仇，無施不可；今我既弱未能立，亟宜因其悔心，受其情意。[16]

梁啓超創辦大同譯書局之後，更從日本引進大量書籍，譯成中文，日書中譯成爲中國人接觸西方新知識的重要管道。《大東合邦論》即是在此時引進中國，以《大東合邦新義》之名付梓出版。

變法派引進《大東合邦論》一書，目的爲何？根據康有爲《自編年譜》所說，光緒二十四年戊戌變法開始之前，「時與日本矢野文雄約兩國合邦大會議，定稿極詳，請矢野君行知總署答允，然後可大會於各省，而俄人知之，矢野君未敢。」[17]可見當時康有爲已經受到日本人的影響，準備與日本駐華公使矢野文雄召開「合邦大會議」了。茅海建教授認爲：康有爲《自編年譜》之中，誇大張揚之處甚多，康有爲工部主事的身分，與日本公使矢野文雄相去甚遠，矢野公使是否與康有爲「約兩國合邦大會議」，甚至「行知總署」、「大會於各省」，是值得懷疑的事；至於「俄人知之，矢野君未敢」則出自康有爲的想像。[18]但茅海建教授也未提出反駁康有爲說法的明確證據。筆者認爲，康有爲的記載雖有誇大之處，但也非完全不可信；康有爲可能與日本公使館的官員（未必是公使矢野文雄），討論過召開合邦大會議之事，至於規模如何，是否「大會於各省」，則可懷疑。而正在康有爲與日人計畫召開「合邦大會議」之時，《大東合邦新義》正好出版，筆者推測，康有爲一方面與日人計畫召開合邦大會議，一方面又令梁啓超的大同譯書局出版《大東合邦新義》，兩件事的目的都是在推廣「合邦」的觀念。可見當時康有爲已開始接觸並接受「合邦」的理論，並且準備採取集會、出版等各種方式，來宣傳「合邦」的觀念。因此，召開「合邦大會議」的計畫與出版《大東合邦新義》一書，兩者相輔相成，都是爲了「自下而上」，由社會輿論來影響政府政策，使中國逐步接受「合邦」的計畫。

康有爲會接受「合邦」的觀念，有其思想上的背景。康有爲夙懷「世界主義」的思想，光緒十三年（一八八七）時，康有爲年僅三十歲，即「推孔子據亂、升平、太平之理，以論地球，以爲養兵學言語，皆於人智人力大損，欲立地球萬音院之說，以考語言文字。創地球公議院，合公士以談合國之公理，養公兵以去不會之國，以爲合地球之計。」[19]康有爲「合國」的主張，以當時清朝的處境觀之，顯然無此可能。然康有爲這種「世界主義」的理想，卻與「合邦」之說若合符節。也許，由於康有爲一直懷抱著「合國」、「大同」等世界主義的理想，使他較易於接受「合邦」的觀念。

另一方面，康有爲的外國友人，英國牧師李提摩太，對於中國的政治十分熱衷。李提摩太在光緒二十年甲午戰爭期間，曾向兩江總督張之洞建議「京師閣部府院寺監及外省督撫提鎮各衙門，各宜聘一聲望素著之西士，奉爲蓮幕上賓，遇有重大事件必就商之。」又向直隸總督北洋大臣李鴻章提議：「中國給予外國在一定年限內，處理中國對外事務的絕對權力」、「鐵路、礦山、企業等每一部門，都應派外國代表管理」，顯然欲攘奪中國政治、經濟、外交等所有大權。光緒二十一年馬關條約簽訂之後，李提摩太又拜訪了康有爲，隨後並提出了「新政策」，主張中國應該將外交、新政、鐵路、借款、報紙、教育等權力，皆交由西人掌管。顯然是想要以聘用西方人才之名，行攘奪中國政權之實。[20]在李提摩太的影響下，使得康有爲更加深了「世界主義」的傾向。

康有爲的弟子梁啓超，對於「合邦」是什麼態度？也値得我們加以探究。梁啓超在《大東合邦新義》的序文中說道：

「合邦」云者，蓋護教之庸廧，保民之規矩焉爾，惜乎摭論繁蕪，立意狙險，似持公論，旋狃私見，攘我藩服，搖我心腹，援隙奮筆，殊屬枝梧。然於列國情弊，合縱條理，批謬剔瑕，洞中肯綮，固歷朝史案之餘唾，亦東方自主之長策也。[21]

梁啓超對於《大東合邦新義》的內容，認爲是「摭論繁蕪，立意狙險，似持公論，旋狃私見，攘我藩服，搖我心腹」，意即認爲該書的用心險惡，貌似公允而充滿私人的偏見，並認爲日人主張日韓「合邦」的目的，是想要奪取中國藩屬國。可見梁啓超對日本「合邦」計畫的背後目的，是抱著相當懷疑的態度。按照中國人的習慣，爲一本書寫序，通常序文的內容是稱讚這本書的優點，但梁啓超卻在序中直接表達了他對《大東合邦新義》的懷疑，這是相當不尋常的。既然梁啓超認爲此書內容大有問題，又爲何要出版此書？筆者認爲，由於當時康有爲正與日本人共同推行「合邦大會議」的計畫，因此要求梁啓超將此書出版，梁啓超在師命難違之下，只好將此書付梓，但卻在序中表達對這本書的疑慮之處。不過，梁啓超對「合邦」雖有疑慮，但大體上仍是同意「合邦」的觀念，甚至在戊戌政變之後，梁啓超逃亡到日本，仍然認同「合邦」的主張，梁啓超在光緒二十五年（一八九九）時曾說：「日本與我，唇齒兄弟之國，必互泯畛域，協同提攜，然後可以保黃種之獨立，杜歐勢之東漸。他日支那、日本兩國，殆將成『合邦』之局，而言語之互通，實爲聯合第一義焉。」[22]可見康有爲、梁啓超等變法派的核心人物，對於「合邦」的計畫，都抱持著不反對甚至支持的態度，當百日維新正式展開，康有爲等人對政治有了實際的影響力時，《大東合邦新義》就不再僅是紙上的理論，而是有付諸實施的可能了。

四、晚清「合邦」論的發展

《大東合邦新義》於光緒二十四年二月出版後，戊戌變法隨即於四月二十三日正式展開。變法開始後，康有爲對政治有了實際的影響力，因此原先打算「自下而上」宣傳「合邦」的觀念，由社會輿論來影響政府政策的策略，也轉變爲「由上而下」的方式，只要說服光緒皇帝接受「合邦」的觀念，「合邦」的計畫就可以事半功倍，水到渠成。首先向光緒皇帝提出合邦觀念者，爲刑部主事洪汝沖，洪汝沖奏言：

> 爲日本者，所親宜無過中國。……此事若在歐西，即合爲一國，亦不爲怪，挪威以合於瑞典而得自存，匈牙利以合於奧地利而以不滅，他如意、德以眾國合成而稱帝制。……中國之自強，惟在日本之相助。[23]

文中強調中國可以與日本「合爲一國」。這份奏摺可以算是變法派投石問路之舉，放出政策的風向球，以測試輿論的反應。

洪汝沖上奏的兩天之後，日本前首相伊藤博文於七月二十六日抵達中國，並於七月二十九日抵達北京。同時，康有爲的外國友人，英國牧師李提摩太，也從上海來到北京。八月初三當天，變法派的官員在康有爲家中聚會。據康有爲的《自編年譜》中說：

> 及夜，楊漪川、宋芝棟、李孟符、王小航來慰。……（吾）以李提摩太交來「瓜分圖」，令諸公多覓人上摺。[24]

康有爲「令諸公多覓人上摺」，可見這是有計畫的集體行動。在康有爲的要求下，楊深秀（漪川）隨即於八月初五上書光緒皇帝，說道：「臣尤伏願我皇上早定大計，固結英、美、日本三國，勿嫌合邦之名之不美。」[25]另一變法派官員宋伯魯（芝棟）也於八月初六上書言道：「渠（李提摩太）之來也，擬聯合中國、日本、美國及英國爲合邦，共選通達時務、曉暢各國掌故者百人，專理四國兵政稅則及一切外交等事，別練兵若干營，以資禦侮。……今擬請皇上速簡通達外務、名震地球之重臣，如大學士李鴻章者，往見該教士李提摩太及日相伊藤博文，與之商酌辦法。」[26]宋伯魯清楚提到「合邦」計畫的內容，是要「共選通達時務、曉暢各國掌故者百人，專理四國兵政稅則及一切外交等事」，亦即將四國的軍事、財政、外交等權力，交由四國共選的一百人來管理，可見當時變法派官員所謂的「合邦」，是交出國家大權的合併。試問即使中國願意，日本、美國、英國願意爲了防範俄國而交出各國的政權嗎？李提摩太此一建議不是在誆騙變法派的官員，借「合邦」之名，讓中國交出政權，而由英、美、日等國所控制嗎？宋伯魯還要求光緒皇帝派遣大臣（如李鴻章）與李提摩太、伊藤博文等商議，這不正好證明了李提摩太、伊藤博文是這項國際陰謀的推動者嗎？

當時變法派官員向光緒皇帝提出的中、美、英、日「四國合邦」的計畫中，美國、英國扮演何種角色？筆者以爲，香月恕經在《大東合邦論》序言中曾說過「更招別國，與彼無宿怨者，爲三國合同，則彼不復疑我而事集矣。」目的是要在韓國之外，更招中國加入合邦，使韓國解除疑慮。楊深秀、宋伯魯的奏摺中將英國、美國也拉進「合邦」的計畫中，顯然就是要「更招二國，與彼無宿怨者，爲四國合同，則中國人不復疑我而事集矣。」可見戊戌變法時期的「合邦」計畫，仍然按照《大東合邦論》的步驟，使用同樣的方法來解除反對者的疑慮，以達到併呑中國的目的。幸而慈禧太后在得知情況危急之後，當機立斷發動政變，阻止了「合邦」計畫，挽救了清朝被外國瓜分的危局。

由上所見，戊戌變法開始之後，康有爲受到李提摩太、伊藤博文的影響，計畫將「合邦」付諸實施，若非慈禧太后斷然發動政變，終止了「合邦」的計畫，則中國的未來，將不堪設想矣。

五、結論

日本人森本藤吉所撰《大東合邦論》一書，內容鼓吹日本與韓國應該合併爲一聯邦，該書爲了向韓人宣傳「合邦」的理念，特地用中文撰寫。然而，《大東合邦論》雖然用中文寫成，但是由於內容中若干詞彙與中國的使用習慣不同，部分詞句有對清廷不敬之處，甚至直接挑動清廷最敏感的神經——滿漢矛盾，因此大同譯書局在出版《大東合邦新義》時，作了許多修改，以便該書能符合當時中國的國情。

森本藤吉撰寫《大東合邦論》最初的目的，是要以「合邦」之名，併呑韓國，使之成為日本的殖民地。但是甲午戰爭結束之後，中國窘態畢露，日本遂將併呑的野心，擴展到了中國。康有爲、梁啓超在日人的遊說之下，逐漸採取了「親日」的態度，康有爲與日人計畫在中國召開「合邦大會議」，梁啓超則將《大東合邦論》改名《大東合邦新義》，在中國付梓出版，以推廣「合邦」的觀念。召開「合邦大會議」與出版《大東合邦新義》一書，兩者相輔相成，都是爲了「自下而上」，由社會輿論來影響政府政策，使中國逐步接受「合邦」的計畫。

戊戌變法開始之後，康有爲對政治有了實際的影響力，因此原先打算「自下而上」宣傳「合邦」的觀念，由社會輿論來影響政府政策的策略，轉變爲「由上而下」的方式，只要說服光緒皇帝接受「合邦」的觀念，「合邦」的目標就可以快速達成。此外，康有爲更受到李提摩太、伊藤博文的影響，準備將「合邦」計畫付諸實施，若非慈禧太后斷然發動政變，則中國可能在不知不覺中，成爲日本的俎上肉。故《大東合邦新義》一書，對於戊戌變法與晚清政局的發展，實扮演著相當重要的角色。

（本文刊登於韓國《中國史研究》第六十六輯，大邱：中國史學會，二〇一〇年六月，頁八七～一〇七。本文雖經刪削，但爲求文章的完整性，仍保留部分與本書正文重複之處。）

附錄三 讓史料證明，讓證據說話——評介林華國教授《歷史的眞相——義和團運動的史實及其再認識》

一

義和團運動爲中國近代史上一重大事件，相關研究成果也非常多，但是對此一事件的解釋，仍然眾說紛紜。對於中央與地方的決策者應負何種責任？義和團與清軍的表現又如何？寫史者往往在不同的政治時空背景之下，各自以主觀的推論取代嚴肅的史料考證，使得這一事件的許多關鍵之處，仍然曖昧不明。一九九三年，北京大學林華國教授撰寫了《義和團史事考》一書，由北京大學出版社出版。該書對義和團事件中的許多問題，作了非常詳細的討論，爲日本學者佐藤公彥盛讚不已。二〇〇二年十月，天津古籍出版社又出版此書的修訂本，並更名爲《歷史的眞相——義和團運動的史實及其再認識》（以下簡稱《眞相》），並由中國義和團研究會副會長程歗撰寫新版序文。爲了使讀者了解此書的架構，現將《眞相》一書的目錄開列於下（括號內的數字爲該書頁碼）：

從目錄中即可看出，《眞相》一書對義和團事件的許多傳統觀點，提出了質疑與批判，並根據史料證據提出自己的看法；即使是「推論」、「假說」，也建立在非常堅實的史料基礎之上。因此，閱讀此書，不但有助於我們了解義和團事件的來龍去脈，更有助於研究歷史者反省本身的研究方法，使自己避免主觀的推論臆測，而是讓史料證據來說話。

二

《眞相》一書與傳統觀點不同之處，包括下列幾個方面：

傳統觀點認爲，山東巡撫毓賢縱容義和拳，並將之改名爲義和團，是義和團在山東擴大蔓延的主因。不過，《眞相》卻指出：義和團運動的背景，起因於外國教會與教民仗勢欺壓平民，地方官府畏懼外人勢力，偏袒洋人，導致百姓反洋心理日益普遍。山東、直隸地區的梅花拳、大刀會、神拳等民間組織宣傳反洋反教，攻擊教堂，被官府視爲亂民而鎮壓，於是反洋反教之後，繼而抗官。一八九八年十月山東冠縣梅花拳趙三多舉事，改名爲「義和拳」，爲官府鎮壓。一八九九年山東神拳朱紅燈舉事，亦改名義和拳，後又改稱「義和團」，爲山東巡撫毓賢鎮壓，朱紅燈被處死。故毓賢絕無將義和拳改名義和團之事。朱紅燈雖死，但地方團體紛紛改名義和團，進行反洋反教的抗爭，使得義和團運動如野火燎原，不可收拾。毓賢對攻擊洋人的拳會加以鎮壓，但對於民教衝突則主張持平辦理，將偏袒教民、欺壓平民的知縣陳公亮、蔣楷予以免職。此外，毓賢更向德國要求驅逐欺壓百姓的德籍傳教士布恩溥、德華盛等。因此，毓賢的作法無法讓西方列強滿意，在列強眼中，毓賢成爲偏袒縱容拳民的禍首。在列強壓力下，清廷以袁世凱代毓賢爲巡撫。

袁世凱任山東巡撫後，派武衛右軍把守交通要衝，防止拳民串連，又嚴懲首犯，嚴令地方官府士紳配合解散義和團，山東義和團因而漸趨沉寂。然而，在此同時，直隸地區的義和團卻越演越烈。傳統的說法認爲，直隸地區義和團運動蓬勃發展的原因，是由於直隸總督裕祿縱容義和團。然而《眞相》指出：直隸總督裕祿對義和團採不分首從、一律處死的殘酷鎮壓手段，加上官兵濫殺濫捕，激起拳民與百姓反抗，義和團反而愈剿愈多。《眞相》並引用當時直隸民謠：「遇著梅東益，家家沒飯吃；遇著范天貴，家家都是會。」（頁九〇）梅東益、范天貴皆爲清軍軍官，可見當時官兵濫殺濫捕所激起的民憤。而在掌管城門的八旗親貴的默許下，團民進入北京，攻擊教堂洋人。

一九〇〇年五月，外國公使團要求清政府允許各國派遣衛隊進入北京保護使館，裕祿勸阻無效。五月三十一日到六月初，各國衛隊四百四十九人進入北京，列強並要求續派援軍。六月十日，英國海軍中將西摩爾（Edward Hobart Seymour）率八國聯軍二千餘人，自天津出發前往北京（其後因義和團拆毀鐵路，又受董福祥甘軍阻擊而退回天津）。十五日，聯軍要求天津鎮總兵羅榮光於十七日凌晨二時以前交出大沽砲台，以利聯軍登陸。當時清政府面臨的首要問題，已經由「如何鎮壓義和團」轉變爲「如何阻止聯軍進入北京」。因此，慈禧太后於十六日派遣榮祿率領武衛中軍保護各國使館，使各國使館不受義和團的攻擊，失去進兵北京的藉口。《眞相》特別指出：六月十六日的上諭中，提及可將義和團「年力精壯者，即行招募成軍」，這是清廷第一次表現出打算利用義和團抵抗外國，這是在洋兵進逼、戰爭迫近之下的形勢下，採取的應急措施。（頁一〇六）在此之前，慈禧並未改變鎮壓義和團的政策。

關於清廷「宣戰」的原因，傳統說法認爲係由於榮祿收到江蘇糧道羅嘉杰密呈的外國照會四條，其中一條爲要求慈禧歸政於光緒，六月十七日慈禧得知後誤信以爲眞，憤而宣戰。這一說法，以惲毓鼎《崇陵傳信錄》爲代表，此外景善《景善日記》、袁昶《亂中日記殘稿》、吳永《庚子西狩叢談》等書亦有言及，可爲旁證。牟安世《義和團抵抗八國聯軍瓜分史》（經濟管理出版社，一九九七年）更指出此照會爲美國教士丁韙良受各國公使所託，草擬的照會草稿（又稱「丁教席韙良條陳」），其第一條爲將慈禧流放。《眞相》舉出四點反駁：1.外交照會要經過各國政府層層審批，牟書認爲聯軍一進京，「條陳」就變成正式照會，未免太過簡單。2.如果丁韙良在十六日即起草完畢，何不立刻送交各國公使，而要拖延兩天至十八日才送？3.羅嘉杰並非有特殊才能的情報人員，如何將機密弄到手？4.牟書無法證明羅嘉杰密呈榮祿的「假照會」四條即是「條陳」的四條，「勒令皇太后歸政」與「把皇太后流放」相差太大。（頁一二三～一二四）《眞相》認爲，《崇陵傳信錄》的作者，是極端媚外的惲毓鼎。惲毓鼎一方面要將戰爭的罪責歸咎於義和團的燒殺與王公親貴利用義和團對外「開釁」，一方面又要故作忠臣，不能把慈禧當作戰爭罪魁加以譴責，因此把慈禧對外宣戰的原因解釋爲誤信了羅嘉杰的「假照會」，這樣一來，戰爭罪責便落在羅嘉杰這一小人物的身上。惲毓鼎一方面把列強發動戰爭的罪責轉嫁到中國方面，又爲慈禧找了一個替罪羊，可謂煞費苦心。（頁一二一～一二二）

《眞相》認爲清廷宣戰的眞正原因，在於六月十七日，聯軍攻擊大沽砲台，羅榮光發砲還擊。十九日，慈禧命令裕祿：「各國洋兵欲行占據大沽砲台一所，事機緊迫，兵釁已開，該督須急招義勇，固結民心，幫助官兵節節防護抵禦，萬不可畏葸瞻顧，任令外兵直入。」可見慈禧已決定以武力阻止洋兵攻占大沽，並改採招撫義和團的政策。二十一日，慈禧接到聯軍攻擊大沽的奏報，即正式公布「宣戰詔書」。（頁一二九～一三〇）《眞相》並指出：所謂「宣戰詔書」，實際上只是號召全國軍民抵抗的侵略的動員令，並非遞交外國、宣布與對方進入戰爭狀態的「宣戰書」。事實上，在這場戰爭中，列強始終沒有對中國宣戰，清政府也始終沒有對列強宣戰，雙方甚至一直沒有斷絕外交關係。（頁一一三～一一四）

開戰之後，傳統說法認爲攻打北京使館區者爲義和團，榮祿暗中保護使館；義和團又與清軍聯手攻打天津租界。《眞相》則引用中外各種史料，指出圍攻北京使館區者，爲榮祿武衛中軍與董福祥武衛後軍（甘軍），義和團只有零星的活動。而六月十七日起圍攻天津租界區的主力，亦爲聶士成武衛前軍與馬玉崑武衛左軍，義和團也是輔助的角色。《眞相》並指出：清軍攻打天津租界的目的，在於挾持租界中的大批洋人作爲人質，以此作爲和列強求和的資本；至於攻打北京使館區，則是意欲向各國使臣施加壓力，迫使列強撤兵。（頁一七一～一七二）七月十四日天津危急，清軍一度減緩攻擊北京使館區，十六日天津陷落消息傳來，清軍更提供糧食蔬菜，將攻擊使館區的責任完全推之於義和團。（頁一七二～一七三）

隨著聯軍開始向北京進兵，八月十日，清軍再度猛攻北京使館區。《眞相》推測，這次進攻的目的在於殺人滅口，將全部責任推於義和團。（頁一七五）十四日，清軍尚未攻陷使館區，聯軍即已進入北京，慈禧帶著光緒倉皇逃離，使館區之戰結束。

《眞相》認爲，八國聯軍時期，清政府的作法是一面抵抗，一面求和；對義和團則採暫時合作，共御外敵的政策。到了北京陷落之後，清廷才改採放棄抵抗，一意乞和，並按外國要求鎭壓義和團的政策。九月七日，清廷宣布：「此案初起，義和團實爲肇禍之由。今欲拔本塞源，非痛加剷除不可。」（頁一五〇）

三

由上可見，《眞相》一書對於描述義和團運動與八國聯軍的許多傳統觀點，都提出了具體的史料證據，加以反駁，並進一步提出新解釋。故《眞相》一書，可以讓我們對義和團事件的來龍去脈，得到完全嶄新的認識。不過，書中仍有若干部分，値得商榷或補充。《眞相》在談及直隸地區義和團活動越來越猖獗，並蔓延至北京時，僅說「默許義和團進城的並不是慈禧，而是掌管城門的八旗親貴。」（頁九六）但並未明言這些「八旗親貴」究竟爲哪些人。《眞相》曾指出：六月五日、六日，慈禧派出趙舒翹、剛毅等頑固派大臣到京城附近勸說義和團解散，剛毅表面發布告示要求義和團解散，實際上只是力求與義和團達成妥協，由他們制止官兵對義和團的鎭壓，義和團也停止對官兵的進攻。（頁九五～九六）《眞相》又指出：從六月初到六月十三日的一系列上諭中，慈禧不斷要求官員嚴厲鎭壓義和團，絲毫沒有接受趙舒翹等主張的內容。（頁一〇四）似乎也承認了剛毅、趙舒翹等人是主張支持義和團的。除了剛毅、趙舒翹之外，日後被八國聯軍指名的罪魁禍首還包括端郡王載漪、輔國公載瀾、莊親王載勛、左都御史英年、大學士徐桐、尚書啓秀、侍郎徐承煜、甘軍董福祥、山西巡撫毓賢、四川提督李秉衡等人。除了毓賢因爲在山西屠殺外國人而獲罪，李秉衡因率軍「勤王」而得咎之外，其他諸人均是縱容義和團的八旗親貴、朝中大臣。《眞相》似乎爲了說明直隸總督裕祿沒有縱容義和團，故特別強調直隸官兵對義和團的濫捕濫殺，對於八旗親貴、朝中大臣縱容義和團的行爲卻著墨不深，這是美中不足之處。

關於清廷「宣戰」的原因，《眞相》認爲所謂「假照會」說完全子虛烏有，出自於惲毓鼎的杜撰。甚至連實際參與御前會議的袁昶留下之《亂中日記殘稿》（此文見於一九〇五年出版之《袁太常公行略》），《眞相》認爲其中談到羅嘉杰密稟榮祿照會四條的部分，可能是他人補寫。（頁一二一）然而，若要證明此段文字確爲他人補寫，似應有更明確的證據，否則似不宜將不同觀點的史料逕自視爲他人補寫而否定其價值。

至於牟安世舉出的「丁教席韙良條陳」四條即爲羅嘉杰密呈榮祿的「照會」四條，《眞相》的反駁則略顯牽強。

1. 《眞相》認爲外交照會要經過各國政府層層審批，牟書說聯軍一進京，「條陳」就變成「正式照會」，未免太過簡單。實際上這一條陳只要經過各國公使同意，即可生效，未必須要各國政府層層審批；尤其這一條陳關係到北京使館人員的生命財產安全，事出緊急，如將條陳送回各國，經由各國政府審批，那要等到何時？各國公使要求西摩爾率聯軍進入北京保護使館，又何嘗得到各國政府的批准？

2. 《眞相》認爲如果丁韙良在十六日即起草完畢，何不立刻送交各國公使，而要拖延兩天至十八日才送？「條陳」既爲草稿，當然可不斷修改，也許十六日的草稿，其中一條是「勒令皇太后歸政」，到了十八日則改爲「把皇太后流放」，這也說明了爲何羅嘉杰密呈榮祿的「假照會」四條與「丁教席韙良條陳」四條內容並不相同的問題。

3.《眞相》認爲羅嘉杰並非有特殊才能的情報人員，如何將能機密弄到手？實際上，所謂蒐集情報，並非偷偷潛入丁韙良家中盜取情報，也可能是羅嘉杰透過和丁韙良的交往談話，從中打探消息。「條陳」四條一旦變成正式照會，無論是「勒令皇太后歸政」或「把皇太后流放」，對慈禧而言都如同宣戰，難有轉圜的餘地。故丁韙良更可能透過羅嘉杰放出風聲，向清政府施壓。《眞相》又說道：「外國若有給中國的照會，自會由外國使館遞交清朝總理衙門，根本不存在對清政府保密的問題，何勞並非外交人員的羅某告密？」（頁一一七）事實上，外交談判時，對手只要提前一兩天、一兩個小時知道照會的內容，都有可能預先作好反應的準備，故外交文書在正式發出之前，都是機密。

本人同意《眞相》所說，「宣戰」的關鍵於大沽開戰，「照會」或「條陳」四條並非眞正的關鍵。但否定「照會」四條的存在，亦即否定惲毓鼎《崇陵傳信錄》的史料價值，似尚須更多的證據。不能因爲惲毓鼎「崇洋媚外」，就「以人廢言」。

此外，聯軍向北京進兵之後，八月十日清軍再度猛攻北京使館區，《眞相》推測，這次進攻的目的在於殺人滅口，將全部責任推於義和團。「殺人滅口」的說法雖然出於《眞相》的推論，但合乎情理，本人也另外提出旁證，以資比較：與外國交情較好的「主和派」官員袁昶、許景澄於七月二十九日被殺，立山、徐用儀、聯元則於八月十一日被殺，可見清政府爲了掩蓋「清軍攻擊外國使館區」這一萬國公罪，不但意圖攻下使館區以殺人滅口，連清政府內與外國人交情較好的官員也不放過。這一旁證，或許可以補強《眞相》的觀點。義和團運動時期的慈禧太后以及保守派的八旗親貴、朝中大臣，對國際政治、外交的認識有限，無法作出合乎現代國際規範的決策，如果當時清朝最具有國際外交經驗的李鴻章（時爲兩廣總督）人在北京的話，或許局勢不致如此惡化。

四

《眞相》一書，對於我們重建義和團運動與八國聯軍的過程，有相當重要的幫助。此外，《眞相》的附錄一：「關於史事考證中如何鑒別和使用史料的一些淺見」，將史料嚴格區分爲原始史料（直接反映歷史事實的史料）、派生史料（間接反映歷史事實但有明確來源者）、無根史料（沒有明確來源者）三類；並且提醒歷史研究者要對史料內容的眞實性進行審定；注意史料原件與複製件的差異；注意不同版本的出版時間及其內容上的差異；審愼使用回憶錄、調查材料、新聞報導等史料；在使用史料時，要盡量以第一手史料爲依據。《眞相》一書，則如同這些理論的具體實踐。因此，此書不僅在中國近代史的研究上提供了新視野、新觀點，更是一部史學研究方法的範例教材。

（本文收於韓國《中國史研究》第六十四輯，二〇一〇年二月，頁二六五～二七一。）

注釋

第一章 序論

【1】梁啓超：《戊戌政變記》（台北：文海出版社，一九六四年）卷三〈政變前記．政變之總原因〉，頁一上。

【2】梁啓超：《戊戌政變記》卷三〈政變前記．政變之分原因〉，頁二下～五上。

【3】費行簡：《慈禧傳信錄》，收於中國史學會主編：《戊戌變法》（中國近代史資料叢刊第八種，上海：神州國光社，一九五三年），第一冊，頁四六八。

【4】錢穆：《國史大綱》（修訂本，台北：台灣商務印書館，一九九一年），下冊，頁六九〇～六九二。

【5】李劍農：《中國近百年政治史》（上海：復旦大學出版社，二〇〇二年）頁一六七～一七一。

【6】湯志鈞：〈戊戌變法時清朝統治階層內部各派系的分析〉，收於湯志鈞：《戊戌變法史論叢》（台北：谷風出版社，一九八六年），頁二九。

【7】費正清主編：《劍橋中國史．晚清篇（下）》（中譯本，台北：南天書局，一九八七年），頁三六三。

【8】余英時：〈戊戌政變今讀〉，收於《二十一世紀》第四十五期，一九九八年二月，頁七。

【9】梁啓超：《戊戌政變記》卷二〈廢立始末記〉，頁一下～二上。

【10】費行簡：《慈禧傳信錄》，收於中國史學會主編：《戊戌變法》第一冊，頁四六五～四六六。

【11】梁啓超：《戊戌政變記》卷六〈殉難六烈士傳．譚嗣同傳〉，頁一四上～下。

【12】袁世凱：〈戊戌日記〉，收於中國史學會主編：《戊戌變法》第一冊，頁五五〇～五五一。

【13】袁世凱：〈戊戌日記〉，收於中國史學會主編：《戊戌變法》第一冊，頁五五三。

【14】楊天石：〈康有爲謀圍頤和園捕殺西太后確證〉，收於《光明日報》一九八五年九月四日。湯志鈞：〈關於戊戌變法的一項重要史料─畢永年的《詭謀直紀》〉，收於湯志鈞《乘桴新獲─從戊戌到辛亥》（南京：江蘇古籍出版社，一九九〇年）。

【15】質疑戊戌政變起因於袁世凱告密的學者，可以黃彰健爲代表。黃氏撰有〈論戊戌政變的爆發非由袁世凱告密〉，收入黃彰健：《戊戌變法史研究》（台北：中央研究院歷史語言研究所專刊五四，一九七〇年），頁四九三～五二九。

【16】中國史學會主編：《戊戌變法》第二冊，〈上諭〉，頁一〇〇。

【17】郭廷以：《近代中國史綱》（上下冊合訂本，香港：中文大學出版社，一九八九年），頁三一〇。郭書紀年採用陽曆。

【18】郭廷以：《近代中國史綱》，頁三一一。

【19】黃彰健：〈論戊戌政變的爆發非由袁世凱告密〉，收入黃彰健：《戊戌變法史研究》，頁四九三～五二九。

【20】沈靜如：〈戊戌變法與日本〉，收入李文海、孔祥吉編：《戊戌變法》（成都：巴蜀書社，一九八六年），頁一九七～一九八。

【21】孔祥吉：〈宋伯魯與戊戌變法〉，收入孔祥吉：《戊戌變法運動新探》（長沙：湖南人民出版社，一九八八年），頁三〇六。

【22】孔祥吉：〈宋伯魯與戊戌變法〉，收入孔祥吉：《戊戌變法運動新探》，頁三〇七。

【23】張建偉：《溫故戊戌年》（台北：時英出版社，二〇〇二年），頁三四四～三四五。

【24】張建偉：《溫故戊戌年》，頁三四五。

【25】張建偉：《溫故戊戌年》，頁三六八。

第二章　朝鮮問題與中日甲午戰爭

【1】林明德：《日本近代史》（台北：東大圖書公司，二〇〇四年），頁四七～四八。

【2】梁伯華：《近代中國外交的巨變》（台北：台灣商務印書館，一九九一年），頁九四～九五。

【3】林明德：《日本近代史》，頁一〇五～一〇六。

【4】梁伯華：《近代中國外交的巨變》，頁九五。

【5】李丙燾著，許宇成譯：《韓國史大觀》（台北：正中書局，一九六一年），頁四〇七～四一三。

【6】李丙燾著，許宇成譯：《韓國史大觀》，頁四一三～四一四。

【7】梁伯華：《近代中國外交的巨變》，頁九五～九六。

【8】王彥威等輯：《清季外交史料》（近代中國史料叢刊三編第二輯，台北：文海出版社，一九八五年）卷一六〈李鴻章覆李裕元書〉，頁一四上～一七上，時間爲光緒五年七月初九日。並參見林明德：《袁世凱與朝鮮》（台北：中央研究院近代史研究所專刊二六，一九七〇年），頁八八。

【9】李丙燾著，許宇成譯：《韓國史大觀》，頁四一四。

【10】梁伯華：《近代中國外交的巨變》，頁九七。又見林明德：《袁世凱與朝鮮》，頁九一。

【11】林明德：《袁世凱與朝鮮》，頁一四～一五。關於壬午軍亂的經過，另可參考鄭喬：《大韓季年史》（首爾：國史編纂

委員會，一九五七年）卷一，頁一一三～一一七。

【12】林明德：《袁世凱與朝鮮》，頁一一五～一二二。

【13】梁伯華：《近代中國外交的巨變》，頁九八。

【14】林明德：《袁世凱與朝鮮》，頁二八～三三。

【15】關於甲申政變的詳細過程，參見鄭喬：《大韓季年史》卷一，頁二八～三六。以下記載未註明出處者，出處皆與此同。

【16】鄭喬：《大韓季年史》，頁二九關於召日使來衛的記載，認爲是金玉均等人所爲。不過同書頁五二則指出：「先是，上與玉均等謀，斥清國，固獨立之權，至有授密敕於玉均及朴泳孝等，使除閔台鎬及附清之元老等。而及事敗之後，內憚閔后，外畏清國，遂施逆律於玉均等。」可見高宗李熙似乎亦爲甲申政變的共謀者。如此則召日使來衛的信函，也可能非金玉均等人所僞造。

【17】據林明德：《袁世凱與朝鮮》，頁六一所記，別抄軍的統領，爲壬午軍亂時護送閔妃脫險的洪在羲。

【18】鄭喬：《大韓季年史》卷一，頁五二。

【19】蔣廷黻編：《近代中國外交史資料輯要》（中卷）（台北：台灣商務印書館，一九五九年），頁四二五。

【20】梁伯華：《近代中國外交的巨變》，頁九九。

【21】林明德：《袁世凱與朝鮮》，頁一一七～一一八。

【22】林明德：《袁世凱與朝鮮》，頁一一一～一一二。

【23】林明德：《袁世凱與朝鮮》，頁一一九～一二〇。

【24】趙爾巽等撰：《清史稿》（標點本，北京：中華書局，一九七七年）卷五二六〈屬國一・朝鮮〉，頁一四六〇八。

【25】林明德：《袁世凱與朝鮮》，頁一六四～一六五。
【26】林明德：《袁世凱與朝鮮》，頁二二三～二二四。
【27】林明德：《袁世凱與朝鮮》，頁二二八。
【28】林明德：《袁世凱與朝鮮》，頁一七五～一七七。
【29】林明德：《袁世凱與朝鮮》，頁二〇六～二一六。
【30】林明德：《袁世凱與朝鮮》，頁九四。
【31】李丙燾著，許宇成譯：《韓國史大觀》，頁四〇五～四〇六。
【32】李丙燾著，許宇成譯：《韓國史大觀》，頁四三三。
【33】李丙燾著，許宇成譯：《韓國史大觀》，頁四三四～四三五。
【34】李丙燾著，許宇成譯：《韓國史大觀》，頁四三六。
【35】李鴻章：《李文忠公全集》（吳汝綸刊本，台北：文海出版社，一九六二年）〈電稿十五〉，光緒二十年四月二十八日酉刻寄譯署，頁三二下～三三上。
【36】陸奧宗光著，龔德柏譯：《蹇蹇錄—日本侵略中國外交秘史》（台北：國防研究院，一九七一年），頁二～三。
【37】陸奧宗光著，龔德柏譯：《蹇蹇錄》，頁九～一〇。
【38】陸奧宗光著，龔德柏譯：《蹇蹇錄》，頁一二。
【39】李丙燾著，許宇成譯：《韓國史大觀》，頁四三六。
【40】陸奧宗光著，龔德柏譯：《蹇蹇錄》，頁一二。林明德：《袁世凱與朝鮮》，頁三五七。

【41】陸奧宗光著，龔德柏譯：《蹇蹇錄》，頁一四～一五。
【42】陸奧宗光著，龔德柏譯：《蹇蹇錄》，頁一六。
【43】陸奧宗光著，龔德柏譯：《蹇蹇錄》，頁一五。
【44】陸奧宗光著，龔德柏譯：《蹇蹇錄》，頁一七。
【45】陸奧宗光稱此爲「日本對中國之第一次絕交書」。陸奧宗光著，龔德柏譯：《蹇蹇錄》，頁一八。
【46】孫克復：《甲午中日戰爭外交史》（瀋陽：遼寧大學出版社，一九八九年），頁四八。
【47】陸奧宗光著，龔德柏譯：《蹇蹇錄》，頁三二～三三。
【48】陸奧宗光稱此爲對中國之第二次絕交書。此照會於六月十二日（陽曆七月十四日）送交中國政府。陸奧宗光著，龔德柏譯：《蹇蹇錄》，頁三四～三五。
【49】孫克復：《甲午中日戰爭外交史》，頁五〇～五五。
【50】陸奧宗光著，龔德柏譯：《蹇蹇錄》，頁二四～二五。
【51】陸奧宗光著，龔德柏譯：《蹇蹇錄》，頁二六。
【52】鄭喬：《大韓季年史》卷二，頁八九。陸奧宗光著，龔德柏譯：《蹇蹇錄》，頁二七。
【53】戚其章：《晚清海軍興衰史》（北京：人民出版社，一九九八年），頁三八二～三九六。
【54】黃鴻壽：《清史紀事本末》（台北：三民書局，一九七三年）卷六四〈甲午戰事及和約〉，頁四六四。
【55】戚其章：《晚清海軍興衰史》，頁三九七～四三五。
【56】戚其章：《晚清海軍興衰史》，頁四三五～四四一。

【57】戚其章：〈旅順大屠殺眞相再考〉，《東岳論叢》二〇〇一年第一期，頁三七～四三。
【58】黃鴻壽：《清史紀事本末》卷六四〈甲午戰事及和約〉，頁四六七。
【59】戚其章：《晚清海軍興衰史》，頁四四一～四五七。
【60】黃鴻壽：《清史紀事本末》卷六四〈甲午戰事及和約〉，頁四六八～四六九。
【61】陸奧宗光著，龔德柏譯：《蹇蹇錄》，頁一〇六～一〇九。
【62】陸奧宗光著，龔德柏譯：《蹇蹇錄》，頁一一五～一二四。
【63】陸奧宗光著，龔德柏譯：《蹇蹇錄》，頁一二四～一三七。
【64】李丙燾著，許宇成譯：《韓國史大觀》，頁四三八。
【65】李丙燾著，許宇成譯：《韓國史大觀》，頁四三九。
【66】李丙燾著，許宇成譯：《韓國史大觀》，頁四四〇。
【67】朝鮮總督府編：《李朝實錄・高宗實錄》（北京：科學出版社，一九五九年）卷三二，頁六四上。
【68】李丙燾著，許宇成譯：《韓國史大觀》，頁四四三。鄭喬：《大韓季年史》卷二，頁一〇五。
【69】鄭喬：《大韓季年史》卷二，頁一〇八～一〇九。《李朝實錄・高宗實錄》卷三三，頁六五上。
【70】鄭喬：《大韓季年史》卷二，頁一〇九。《李朝實錄・高宗實錄》卷三三，頁六五下～六六上。
【71】《李朝實錄・高宗實錄》卷三三，頁六六上。
【72】鄭喬：《大韓季年史》卷二，頁一〇九～一一〇。
【73】鄭喬：《大韓季年史》卷二，頁一一一～一一二。

【74】關於閔妃被弑的經過，參見鄭喬：《大韓季年史》卷二，頁一一二～一一四。《李朝實錄．高宗實錄》卷三三，頁七二上。

【75】《李朝實錄．高宗實錄》卷三三，頁七三上。

【76】李丙燾著，許宇成譯：《韓國史大觀》，頁四四四～四四五。

【77】收於陳耀卿編《時事新編》（光緒乙未年刊本）卷三。轉載於《中日甲午戰爭》（台北：廣文書局，一九六七年），頁二四～二五。

【78】收於陳耀卿編《時事新編》卷六。轉載於《中日甲午戰爭》，頁一七九。

【79】康有爲：〈上清帝第二書〉，收於中國史學會主編：《戊戌變法》第二冊，頁一三三。

【80】康有爲：《康南海自訂年譜》（台北：文海出版社，一九七二年），頁三〇。

【81】茅海建：《戊戌變法史事考二集》（北京：三聯書店，二〇一一年），頁一～一二七。

【82】黃彰健：〈論今傳康戊戌以前各次上書是否與當時遞呈原件內容相合〉，收於黃彰健：《戊戌變法史研究》（台北：中央研究院歷史語言研究所，一九七〇年），頁五八七～五八八。

【83】黃彰健：〈論今傳康戊戌以前各次上書是否與當時遞呈原件內容相合〉，收於黃彰健：《戊戌變法史研究》，頁五八八～五八九。

【84】茅海建：《戊戌變法史事考二集》，頁八七。

【85】劉坤一：〈密陳大計聯俄拒日以維全局摺〉，收於《清季外交史料》卷一一五，頁二〇下～二一上。

【86】張之洞：〈密陳結援要策片〉，收於《張文襄公全集》（近代中國史料叢刊，台北：文海出版社，一九七三年）卷三七

〈奏議三十七〉，頁三七下。

【87】胡燏棻：〈變法自強疏〉，收於中國史學會主編：《戊戌變法》第二冊，頁二七九。

【88】石錦：〈甲午戰後日本在華的活動〉，收於中國文化復興運動推行委員會編：《中國近代現代史論集》（台北：台灣商務印書館，一九八六年）第十一編《中日甲午戰爭》，頁八一〇～八一一。

【89】石錦：〈甲午戰後日本在華的活動〉，收於《中國近代現代史論集》第十一編《中日甲午戰爭》，頁八一四。

【90】翟新：《東亞同文會と中國―近代日本における對外理念とその實踐》（東京：慶應義塾大學出版會，二〇〇一年），頁六八～六九。

【91】石錦：〈甲午戰後日本在華的活動〉，收於《中國近代現代史論集》第十一編《中日甲午戰爭》，頁八一一。

【92】邱榮裕：《東亞同文會と中國の政治改革（一八九八～一九一一）》（京都：立命館大學大學院文學研究科課程博士論文，二〇〇一年），頁四〇。翟新：《東亞同文會と中國―近代日本における對外理念とその實踐》，頁六九。

【93】邱榮裕：《東亞同文會と中國の政治改革（一八九八～一九一一）》，頁四〇～四二。東亞會與同文會於一八九八年十月二十四日正式合併爲「東亞同文會」。

【94】張之洞：《張文襄公全集》卷七九〈電奏七〉，頁一九下～二〇上。並參見石錦：〈甲午戰後日本在華的活動〉，收於《中國近代現代史論集》第十一編《中日甲午戰爭》，頁八一五。

【95】唐才常：〈論中國宜與英日聯盟〉，收於中國史學會主編：《戊戌變法》第三冊，頁一〇四。

【96】康廣仁：〈聯英策〉，收於中國史學會主編：《戊戌變法》第三冊，頁九二～九三。

【97】唐才常：〈論中國宜與英日聯盟〉，收於中國史學會主編：《戊戌變法》第三冊，頁一〇一～一〇三。

[98] 楊深秀：〈山東道監察御史楊深秀片〉，收於明清檔案館編：《戊戌變法檔案史料》（北京：中華書局，一九五九年），頁二四八。上奏日期爲光緒二十四年四月十三日。

[99] 康有爲：〈上清帝第四書〉，收於中國史學會主編：《戊戌變法》第二冊，頁一七九。

[100] 康有爲：〈上清帝第五書〉，收於中國史學會主編：《戊戌變法》第二冊，頁一九五。

[101] 康有爲：〈上清帝第六書（應詔統籌全局摺）〉，收於中國史學會主編：《戊戌變法》第二冊，頁一九九。

[102] 康有爲：〈進呈日本明治變政考序〉，收於中國史學會主編：《戊戌變法》第三冊，頁三～五。

[103] 李岳瑞：《春冰室野乘》（近代中國史料叢刊第六輯，台北：文海出版社，一九六七年）卷上，頁一〇下～一一上。

[104] 關於李提摩太的生平，可參見顧長聲：《歐風美雨襲中華》（美國加州：長青文化公司，二〇〇一年），頁一三九～一五四。

[105] 顧長聲：《歐風美雨襲中華》，頁一五四～一五五。

[106] 顧長聲：《歐風美雨襲中華》，頁一五七～一六〇。

[107] 李提摩太：〈新政策〉，收於中國史學會主編：《戊戌變法》第三冊，頁二三九～二四〇。

[108] 《萬國公報》Oct. 11, 1896。並參見顧長聲：《歐風美雨襲中華》，頁一六五。

[109] 黃鴻壽：《清史紀事本末》卷六五〈疆域之喪失及軍港租借條約〉，頁四七六～四七八。

[110] 參見芮瑪麗著，房德鄰等譯：《同治中興：中國保守主義的最後抵抗》（北京：中國社會科學出版社，二〇〇二年）。

第三章 百日維新

【1】錢穆：《中國近三百年學術史》（台北：台灣商務印書館，一九八三年）下冊，頁六四一～六五三。
【2】梁啓超：《清代學術概論》（台北：台灣商務印書館，一九八五年），頁一二七～一二八。
【3】梁啓超：《清代學術概論》，頁一二八。
【4】翁同龢：《翁文恭日記》（台北：國風出版社，一九六四年），〈甲午〉，頁四三上。
【5】梁啓超：《清代學術概論》，頁一二八～一二九。
【6】錢穆：《劉向歆父子年譜》自序，收於錢穆：《兩漢經學今古文評議》（台北：東大圖書公司，一九八九年），頁一～六。
【7】梁啓超：《清代學術概論》，頁一二九～一三〇。
【8】梁啓超：《清代學術概論》，頁一三一。
【9】康有爲：《孔子改制考》（民國九年庚申北京重刊本，台北：台灣商務印書館，一九六八年）卷九〈孔子創儒教改制考〉，頁一下。
【10】康有爲：《孔子改制考》卷九〈孔子創儒教改制考〉，頁二四上。
【11】康有爲：《孔子改制考》卷九〈孔子創儒教改制考〉，頁二四下。
【12】康有爲：《孔子改制考》卷一一〈孔子改制託古考〉，頁一一上。
【13】康有爲：《孔子改制考》卷一二〈孔子改制法堯舜文王考〉，頁九上。
【14】康有爲：《康南海自訂年譜》，頁一七。

【15】梁啓超：《清代學術概論》，頁一三二～一三五。

【16】趙爾巽等撰：《清史稿》卷四六四〈譚嗣同〉，頁一二七四六。

【17】譚嗣同：《仁學・自敘》，收於《譚嗣同全集》（增訂本，北京：中華書局，一九八一年）下冊，頁二九〇。

【18】譚嗣同：《仁學》，收於《譚嗣同全集》下冊，頁三四〇。

【19】譚嗣同：《仁學》，收於《譚嗣同全集》下冊，頁三四八。

【20】譚嗣同：《仁學》，收於《譚嗣同全集》下冊，頁三四九。

【21】譚嗣同：《仁學》，收於《譚嗣同全集》下冊，頁三四三。

【22】譚嗣同：〈報貝元徵書〉，收於《譚嗣同全集》，上冊，頁二～三。

【23】譚嗣同：《仁學》，收於《譚嗣同全集》下冊，頁三五六。

【24】譚嗣同：《仁學》，收於《譚嗣同全集》下冊，頁三六七。

【25】譚嗣同：《仁學》，收於《譚嗣同全集》下冊，頁三五八。另參見梁啓超：《清代學術概論》，頁一五六。

【26】梁啓超：《清代學術概論》，頁一一七～一一八。

【27】關於辛酉政變的過程，可參見黃鴻壽：《清史紀事本末》卷五〇〈同治中興〉，頁三二五～三二六。

【28】黃鴻壽：《清史紀事本末》卷五〇〈同治中興〉，頁三二六。

【29】趙爾巽等撰：《清史稿》卷二二一〈諸王七・恭忠親王奕訢〉，頁九一〇六。

【30】趙爾巽等撰：《清史稿》卷二二一〈諸王七・恭忠親王奕訢〉，頁九一〇六。

【31】趙爾巽等撰：《清史稿》卷二三〈德宗本紀一〉，頁八七七。

【32】梁啓超：《戊戌政變記》卷二，頁一上～二上。

【33】參見李守孔：《李鴻章傳》（台北：台灣學生書局，一九八五年），頁二四三～二四六。

【34】中國史學會主編：《戊戌變法》第二冊，〈上諭〉，頁一七。

【35】趙爾巽等撰：《清史稿》卷四三六〈翁同龢〉，頁一二三七〇。

【36】梁啓超：《戊戌政變記》卷二，頁六上～六下。

【37】蘇繼祖：《清廷戊戌朝變記》，收於中國史學會主編：《戊戌變法》第一冊，頁三三一。

【38】康有爲：《康南海自訂年譜》，頁三三。

【39】康有爲：《康南海自訂年譜》，頁三九。

【40】康有爲：《康南海自訂年譜》，頁四〇～四一。

【41】蕭公權著，楊肅獻譯：《翁同龢與戊戌維新》（《蕭公權先生全集》第五冊，台北：聯經出版公司，一九八三年），第四章〈翁同龢與康有爲〉，頁八三。

【42】康有爲：《康南海自訂年譜》，頁四二。

【43】翁同龢：《翁文恭日記》，〈戊戌〉，頁二下。

【44】康有爲：《康南海自訂年譜》，頁四七。

【45】趙爾巽等撰：《清史稿》卷二四〈德宗本紀二〉，頁九二五。

【46】康有爲：《康有爲自訂年譜》，頁四八～五〇。

【47】中國史學會主編：《戊戌變法》第二冊，〈上諭〉，頁七五。

【48】楊銳：〈與弟肖巖書〉，收於葉德輝輯著：《覺迷要錄》（光緒乙巳年刊本，台北：台聯國風出版社，一九七〇年）卷四，頁一七下～一八上。

【49】梁啓超：《戊戌政變記》卷三，頁五上。

【50】楊銳：〈與弟肖巖書〉，收於葉德輝輯著：《覺迷要錄》卷四，頁一八上。

【51】茅海建：《戊戌變法史事考》（北京：三聯書店，二〇〇五年），頁一一。

【52】茅海建：《戊戌變法史事考》，頁一三。

【53】茅海建：《戊戌變法史事考》，頁一六。

【54】茅海建：《戊戌變法史事考》，頁一七～一八。

【55】見中國史學會主編：《戊戌變法》第二冊，〈上諭〉，頁六〇。

【56】梁啓超：《戊戌政變記》卷一，頁四五下～四六上。

【57】見中國史學會主編：《戊戌變法》第二冊，〈上諭〉，頁七二～七三。

【58】蘇繼祖：《清廷戊戌朝變記》，收於中國史學會主編：《戊戌變法》第一冊，頁三三九～三四〇。

【59】見中國史學會主編：《戊戌變法》第二冊，〈上諭〉，頁九一。

【60】梁啓超：《戊戌政變記》卷三，頁四下～五上。

第四章　戊戌政變

【1】森本藤吉：《大東合邦論》（台北中央研究院台灣史研究所籌備處藏本，東京：明治二十六年八月刊本），〈岡本監輔

序〉，頁一。

【2】森本藤吉：《大東合邦論》，〈香月恕經序〉，頁四。

【3】森本藤吉：《大東合邦論》，〈合同利害〉，頁一二〇～一二一。

【4】森本藤吉：《大東合邦論》，〈聯合方法〉，頁一二七。

【5】森本藤吉：《大東合邦論》，〈聯合方法〉，頁一二八～一二九。

【6】森本藤吉：《大東合邦論》，〈聯合方法〉，頁一二九。

【7】森本藤吉：《大東合邦論》，〈聯合方法〉，頁一三〇。

【8】森本藤吉：《大東合邦論》，〈聯合方法〉，頁一三〇。

【9】《國家結合及國家併合類例》，收於《韓國併合ニ關スル書類》（東京：國立公文書館藏）第十五篇，頁一～六。

【10】《國家結合及國家併合類例》，收於《韓國併合ニ關スル書類》第十五篇，頁八。

【11】《國家結合及國家併合類例》，收於《韓國併合ニ關スル書類》第十五篇，頁一〇～五三。

【12】康有爲：《康南海自訂年譜》，頁四七。

【13】關於矢野文雄的生平，參見小栗又一：《龍溪矢野文雄君傳》（東京：大空社，一九九三年）。

【14】梁啓超：〈大東合邦新義序〉，收於梁啓超：《飲冰室合集集外文》（北京：北京大學出版社，二〇〇五），頁一五～一六。關於《大東合邦論》與《大東合邦新義》之比較，請參見本書附錄二。

【15】洪汝沖：〈呈請代奏變法自強當求本原大計條陳三策疏〉，收於中國史學會主編：《戊戌變法》第二冊，頁三六四，時間繫於六月。然據茅海建先生的考證，洪汝沖上奏的時間應爲七月二十四日，參見茅海建：《戊戌變法史事考》，頁

九六。

[16] 洪汝沖：〈呈請代奏變法自強當求本原大計條陳三策疏〉，中國史學會主編：《戊戌變法》第二冊，頁三六四。

[17] 李岳瑞，字孟符，陝西人，爲工部員外郎、總理衙門章京。李岳瑞主張用客卿，見梁啓超：《戊戌政變記》卷四，頁五下。李岳瑞的奏摺今未見。

[18] 洪汝沖：〈呈請代奏變法自強當求本原大計條陳三策疏〉，收於中國史學會主編：《戊戌變法》第二冊，頁三六五。

[19] 《國聞報》光緒二十四年七月二十八日，收於中國史學會主編：《戊戌變法》第三冊，頁四〇二。

[20] 《國聞報》光緒二十四年七月三十日，收於中國史學會主編：《戊戌變法》第三冊，頁四〇四～四〇五。

[21] Timothy Richard, *Forty-five Years in China* (New York: Frederick A. Stokes company, 1916), p.263.

[22] Timothy Richard, *Forty-five Years in China*, p.264.

[23] 梁啓超：《戊戌政變記》，卷三，頁五下。

[24] 聶興圻：〈戶部候補主事聶興圻摺〉，收於《戊戌變法檔案史料》，頁七三。

[25] 陳懋鼎：〈宗人府主事陳懋鼎奏請降旨召見日本伊藤博文摺〉，收於王彥威輯：《清季外交史料》，卷一三四，頁一九上～二〇上。

[26] 濮子潼：〈江蘇松江府知府濮子潼摺〉，收於《戊戌變法檔案史料》，頁一三。

[27] 《軍機處錄副．補遺．戊戌變法項》，三／一六八／九四五三／五四；《隨手檔》、《上諭檔》，光緒二十四年八月初四日。參見茅海建《戊戌變法史事考》，頁九七。

[28] 《軍機處錄副．補遺．戊戌變法項》，三／一六八／九四五三／五三；《隨手檔》、《上諭檔》，光緒二十四年八月初

四日。參見茅海建《戊戌變法史事考》，頁九七～九八。

【29】謝希傅之奏摺，篇目見《戊戌變法檔案史料》，頁五二一。

【30】王芸生：《六十年來中國與日本》（北京：三聯書店，一九八〇年）第三卷，頁二二八。

【31】陳時政：〈候選郎中陳時政摺〉，收於《戊戌變法檔案史料》，頁一九七。

【32】《國聞報》光緒二十四年八月初二日，收於中國史學會主編：《戊戌變法》第三冊，頁四〇七。

【33】楊崇伊：〈掌廣西道監察御史楊崇伊摺〉，收於《戊戌變法檔案史料》，頁四六一。

【34】《上諭檔》光緒二十四年八月初三日，參見茅海建：《戊戌變法史事考》，頁六五。

【35】茅海建：《戊戌變法史事考》，頁七〇。

【36】茅海建：《戊戌變法史事考》，頁八〇～八一。

【37】內務府《雜錄檔》（頤和園），光緒二十四年八月。見茅海建：《戊戌變法史事考》，頁八六。

【38】黃曾源：〈翰林院編修記名御史黃曾源摺〉，收於《戊戌變法檔案史料》，頁一六八。

【39】徐致靖：〈署禮部右侍郎徐致靖摺〉，收於《戊戌變法檔案史料》，頁一六五。

【40】見中國史學會主編：《戊戌變法》第二冊，〈上諭〉，頁九一～九二。

【41】楊銳：〈與弟肖巖書〉，收於葉德輝輯著：《覺迷要錄》卷四，頁一八上。

【42】袁世凱：〈戊戌日記〉，收於中國史學會主編：《戊戌變法》第一冊，頁五四九。

【43】康有為：《康南海自訂年譜》，頁六七。

【44】關於譚嗣同與袁世凱密會的內容，參見袁世凱：〈戊戌日記〉，收於中國史學會主編：《戊戌變法》第一冊，頁五五五

〇～五五三。

【45】袁世凱：〈戊戌日記〉，收於中國史學會主編：《戊戌變法》第一冊，頁五五三。

【46】袁世凱：〈戊戌日記〉，收於中國史學會主編：《戊戌變法》第一冊，頁五五三。

【47】以上三封電報，見黃彰健：〈論戊戌政變的爆發非由袁世凱告密〉，收於《戊戌變法史研究》，頁五二三～五二四。另見茅海建：《戊戌變法史事考》，頁五四～五五。

【48】袁世凱：〈戊戌日記〉，收於中國史學會主編：《戊戌變法》第一冊，頁五四九～五五〇。

【49】此項電報，參見黃彰健：〈論戊戌政變的爆發非由袁世凱告密〉，收於黃彰健：《戊戌變法史研究》，頁五二四。

【50】此項電報，參見黃彰健：〈論戊戌政變的爆發非由袁世凱告密〉，收於黃彰健：《戊戌變法史研究》，頁五二四～五二五。

【51】此項電報，參見黃彰健：〈論戊戌政變的爆發非由袁世凱告密〉，收於黃彰健：《戊戌變法史研究》，頁五二五。

【52】康有爲：《康南海自訂年譜》，頁六七。

【53】康有爲：《康南海自訂年譜》，頁六八。

【54】〈遊清記語〉，《台灣日日新報》明治三十一年（一八九八）十一月十三日第五版，十一月十五日第三版。

【55】王芸生：《六十年來中國與日本》第三卷，頁二三〇。

【56】楊深秀：〈山東道監察御史楊深秀摺〉，收於《戊戌變法檔案史料》，頁一五。

【57】梁啓超：《戊戌政變記》卷四，頁六下。

【58】宋伯魯：〈掌山東道監察御史宋伯魯摺〉，收於《戊戌變法檔案史料》，頁一七〇。

【59】Timothy Richard, *Forty-five Years in China*, p.265.

【60】內務府《雜錄檔》光緒二十四年八月，雜記類一〇〇四/雜二六三。見茅海建：《戊戌變法史事考》，頁一一一。

【61】《內務府來文．巡幸及行宮》，光緒二十四年六至十二月。見茅海建：《戊戌變法史事考》，頁一一一～一一二。

【62】內務府昇平署《日記檔》光緒二十四年。見茅海建：《戊戌變法史事考》，頁一一三。

【63】見中國史學會主編：《戊戌變法》第二冊，〈上諭〉，頁九九。

【64】《上諭檔》：光緒二十四年八月初六日，參見茅海建：《戊戌變法史事考》，頁一二二。

【65】黃彰健：〈論戊戌政變的爆發非由袁世凱告密〉，收於黃彰健：《戊戌變法史研究》，頁五〇二。引《申報》八月十七日報載。

【66】見中國史學會主編：《戊戌變法》第二冊，〈上諭〉，頁一〇〇。

【67】內務府昇平署《日記檔》八月初九記：「由敬事房傳旨：於八月初十日老佛爺駐蹕頤和園，著改於十四日駐蹕。特記。」見茅海建：《戊戌變法史事考》，頁一二九。

【68】見中國史學會主編：《戊戌變法》第二冊，〈上諭〉，頁一〇二。

【69】《內務府來文．巡幸及行宮》：「八月十三日，總管宋進祿等爲前傳本月十四日聖母皇太后駐蹕頤和園，今改爲本月二十日駐蹕。」見茅海建：《戊戌變法史事考》，頁一三八。

【70】《內務府來文．人事》：「八月十五日，總管李連英奉旨：於本月二十日聖母皇太后、皇上、皇后、瑾妃均不往頤和園去。」見茅海建：《戊戌變法史事考》，頁一四〇。

【71】高燮曾：〈兵部掌印給事中高燮曾等摺〉，收於《戊戌變法檔案史料》，頁四六六。

【72】黃桂鋆：〈福建道監察御史黃桂鋆摺〉，收於《戊戌變法檔案史料》，頁四六七。

【73】黃桂鋆：〈福建道監察御史黃桂鋆片〉，收於《戊戌變法檔案史料》，頁四六八。

【74】王先謙：〈贈葉德輝奐彬〉，收於王先謙：《虛受堂詩存》（光緒壬寅三月平江蘇氏刻本，近代中國史料叢刊第六十九輯，台北：文海出版社）卷一五，頁一五上～一五下。

【75】此項電報，參見黃彰健：〈論戊戌政變的爆發非由袁世凱告密〉，收於黃彰健：《戊戌變法史研究》，頁五二五。

【76】此項電報，參見黃彰健：〈論戊戌政變的爆發非由袁世凱告密〉，收於黃彰健：《戊戌變法史研究》，頁五二五。

【77】張仲炘：〈工科給事中張仲炘摺〉，收於《戊戌變法檔案史料》，頁四七四。

【78】伊藤博文關係文書研究會編：《伊藤博文關係文書》（東京：塙書房，一九八〇年）第八冊，頁四一七。

【79】茅海建：〈日本政府對於戊戌變法的觀察與反應〉，收於茅海建：《戊戌變法史事考》，頁四六三～五六四。

【80】《中國事件藍皮書》第三九四號附件，發信時間地點：一八九八年十月二日於威海衛Centurion號軍艦。收於中國史學會編：《戊戌變法》第三冊，頁五五〇。

【81】〈竇納樂致英國外交大臣電〉，《中國事件藍皮書》第二百六十二頁第三五三號，發電時間爲一八九八年十月十一日。收於中國史學會編：《戊戌變法》第三冊，頁五三一。

【82】〈竇納樂致英國外交大臣信〉，《中國事件藍皮書》第三〇三頁第四〇一號信札，發信時間爲一八九八年十月十三日。收於中國史學會編：《戊戌變法》第三冊，頁五三二。

【83】〈白利南致英國外交部次大臣信〉，《英國外交部檔案》（F. O.）一七／一七一八，發信時間爲一八九八年九月二十六日。收於中國史學會編：《戊戌變法》第三冊，頁五二七～五二八。

【84】〈竇納樂致英國外交大臣信〉附件二〈由申赴港途中與康有爲談話的備忘錄（一八九八年九月二十七日至二十九日）〉，發信時間爲一八九八年十月十三日，《中國事件藍皮書》第三〇三頁第四〇一號信札。收於中國史學會編：《戊戌變法》第三冊，頁五三六。

【85】王曾才：《西洋近世史》（台北：正中書局，一九九一年），頁六七四～六七五。

【86】李丙燾著，許宇成譯：《韓國史大觀》，頁四五二～四五四。

【87】梁啓超：〈朝鮮亡國史略〉，收於梁啓超：《梁啓超全集》（北京：北京出版社，一九九九年）第三冊，頁一五四三～一五四四。

【88】李丙燾著，許宇成譯：《韓國史大觀》，頁四五五～四五六。

【89】鄭喬：《大韓季年史》卷八，頁二六一～二六三。李丙燾著，許宇成譯：《韓國史大觀》，頁四六七～四六八。

【90】Timothy Richard, *Forty-five Years in China*, pp.348-349.

【91】鄭喬：《大韓季年史》卷九，頁三三一。朝鮮總督府編：《李朝實錄．純宗實錄》（北京：科學出版社，一九五九年）卷三，頁四三下。

【92】鄭喬：《大韓季年史》卷九，頁三三三。《李朝實錄．純宗實錄》卷三，頁四四上～四四下。

【93】宋秉畯：〈韓帝渡日讓國ノ議〉，收於《韓國併合ニ關スル書類》第二十六篇。

【94】楊崇伊：〈掌廣西道監察御史楊崇伊摺〉，收於《戊戌變法檔案史料》，頁四八〇～四八一。

【95】見趙爾巽等撰：《清史稿》，卷一七七〈表十七．軍機大臣年表二〉，頁六三一三～六三一四。

【96】張荀鶴：〈山東道監察御史張荀鶴摺〉，收於《戊戌變法檔案史料》，頁五〇七。

【97】關於劉學詢、慶寬訪日之行，參見孔祥吉、村田雄二郎合著：〈罕爲人知的中日結盟鬧劇〉，收於孔祥吉、村田雄二郎合著：《罕爲人知的中日結盟及其他——晚清中日關係史新探》（成都：巴蜀書社，二〇〇四年），頁一二三～一二九。孔祥吉先生站在變法派的立場，對反對變法的楊崇伊等人採取負面評價，故將劉學詢、慶寬的日本之行視爲「鬧劇」。

【98】伊藤博文關係文書研究會編：《伊藤博文關係文書》第八冊，頁四五。

【99】見趙爾巽等撰：《清史稿》卷二四〈本紀二十四・德宗本紀二〉，頁九三二。

第五章 結論

【1】沈靜如：〈戊戌變法與日本〉，收於《歷史研究》一九五四年第六期。又收入李文海、孔祥吉編：《戊戌變法》，頁二〇三～二〇四。

【2】湯志鈞：《康有爲傳》（台北：台灣商務印書館，一九九七年），頁二六一。

【3】湯志鈞：《康有爲傳》，頁二六三。

【4】孔祥吉：《康有爲變法奏議研究》（瀋陽：遼寧教育出版社，一九八八年），頁四一二。

【5】孔祥吉：《康有爲變法奏議研究》，頁四一五。

【6】孔祥吉：《康有爲變法奏議研究》，頁四一七。

【7】孔祥吉：《康有爲變法奏議研究》，頁四二二～四二三。

【8】邱濤、鄭匡民：〈戊戌政變前的日中結盟活動〉，《近代史研究》二〇一〇年第一期，頁五〇～五二。

【9】關於韓國主張合邦與反對合邦的看法，可參閱李丙燾著，許宇成譯：《韓國史大觀》，頁四七三～四七四。

【10】梁啓超：〈論學日本文之益〉，收於梁啓超：《梁啓超全集》第一冊，頁三二四。

附錄二 《大東合邦論》與《大東合邦新義》互校記

【1】森本藤吉：《大東合邦論》，〈凡例〉，頁一。

【2】蔡元培：〈森本丹芳《大東合邦論》閱後〉，收於《蔡元培全集》（杭州：浙江教育出版社，一九九七年）第一冊，頁二二七。

【3】蔡元培：〈森本丹芳《大東合邦論》閱後〉，收於《蔡元培全集》第一冊，頁二二六～二二七。

【4】森本藤吉：《大東合邦論》，〈日韓古今之交涉〉，頁九九～一〇〇。

【5】森本藤吉：《大東合邦論》，〈岡本監輔序〉，頁一。

【6】森本藤吉：《大東合邦論》，〈香月恕經序〉，頁四。

【7】森本藤吉：《大東合邦論》，〈序言〉，頁二。

【8】森本藤吉：《大東合邦論》，〈合同利害〉，頁一二〇～一二一。

【9】森本藤吉：《大東合邦論》，〈香月恕經序〉，頁一～二。

【10】森本藤吉：《大東合邦論》，〈論清國宜與東國合縱〉，頁一三一。

【11】森本藤吉：《大東合邦論》，〈論清國宜與東國合縱〉，頁一三一～一三二。

【12】森本藤吉：《大東合邦論》，〈論清國宜與東國合縱〉，頁一三二。

【13】康有爲：〈上清帝第二書〉，收於中國史學會主編：《戊戌變法》第二冊，頁一三三。

【14】參見石錦：〈甲午戰後日本在華的活動〉，收於中國文化復興運動推行委員會編：《中國近代現代史論集》第十一編《中日甲午戰爭》，頁八一〇～八一四。

【15】康有爲：〈上清帝第五書〉，收於中國史學會主編：《戊戌變法》第二冊，頁一九五。

【16】楊深秀：〈山東道監察御史楊深秀片〉，收於明清檔案館編：《戊戌變法檔案史料》，頁二四八。

【17】康有爲：《康南海自訂年譜》，頁四七。

【18】茅海建：《從甲午到戊戌：康有爲《我史》鑒注》（北京：三聯書店，二〇〇九年），頁三八六～三八九。

【19】康有爲：《康南海自訂年譜》，頁一七。

【20】顧長聲：《歐風美雨襲中華》，頁一五四～一六四。

【21】梁啓超：〈大東合邦新義序〉，收於梁啓超：《飲冰室合集集外文》，頁一五～一六。

【22】梁啓超：〈論學日本文之益〉，收於《梁啓超全集》第一冊，頁三二四。

【23】洪汝沖：〈呈請代奏變法自強當求本原大計條陳三策疏〉，收於中國史學會主編：《戊戌變法》第二冊，頁三六五。

【24】康有爲：《康南海自訂年譜》，頁六七。

【25】楊深秀：〈山東道監察御史楊深秀摺〉，《戊戌變法檔案史料》，頁一五。

【26】宋伯魯：〈掌山東道監察御史宋伯魯摺〉，《戊戌變法檔案史料》，頁一七〇。

徵引書目

(一)文獻與史料

中國史學會主編：《戊戌變法》（共四冊），中國近代史資料叢刊第八種，上海：神州國光社，一九五三年。

王芸生：《六十年來中國與日本》第三卷，北京：三聯書店，一九八〇年。

王彥威等輯：《清季外交史料》，近代中國史料叢刊三編第二輯，台北：文海出版社，一九八五年。

王先謙：《虛受堂詩存》，光緒壬寅三月平江蘇氏刻本，近代中國史料叢刊第六十九輯，台北：文海出版社。

文廷式等著：《中日甲午戰爭》，台北：廣文書局，一九六七年。

台灣日日新報社：《台灣日日新報》。

伊藤博文關係文書研究會編：《伊藤博文關係文書》，東京：塙書房，一九八〇年。

李鴻章：《李文忠公全集》，吳汝綸刊本，台北：文海出版社，一九六二年。

李岳瑞：《春冰室野乘》，近代中國史料叢刊第六輯，台北：文海出版社，一九六七年。

明清檔案館編：《戊戌變法檔案史料》，北京：中華書局，一九五九年。

翁同龢：《翁文恭日記》，台北：國風出版社，一九六四年。

陸奥宗光著，龔德柏譯：《蹇蹇錄》，台北：國防研究院，一九七一年。

康有爲：《孔子改制考》，民國九年庚申北京重刊本，台北：台灣商務印書館，一九六八年。

康有爲：《康南海自訂年譜》，近代中國史料叢刊第二輯，台北：文海出版社，一九七二年。
梁啓超：《戊戌政變記》，台北：文海出版社，一九六四年。
梁啓超：《梁啓超全集》，北京：北京出版社，一九九九年。
梁啓超：《飲冰室合集集外文》，北京：北京大學出版社，二〇〇五年。
森本藤吉：《大東合邦論》，台北中央研究院台灣史研究所籌備處藏本，東京：明治二十六年（一八九三）八月刊本。
森本藤吉著，陳高第校訂：《大東合邦新義》，上海：大同譯書局，光緒二十四年（一八九八）刊本。
朝鮮總督府編：《李朝實錄．高宗實錄》，北京：科學出版社，一九五九年。
朝鮮總督府編：《李朝實錄．純宗實錄》，北京：科學出版社，一九五九年。
黃鴻壽：《清史紀事本末》，台北：三民書局，一九七三年。
葉德輝輯著：《覺迷要錄》，光緒乙巳年刊本，台北：台聯國風出版社，一九七〇年。
張之洞：《張文襄公全集》，近代中國史料叢刊，台北：文海出版社，一九七三年。
趙爾巽等撰：《清史稿》，標點本，北京：中華書局，一九七七年。
鄭喬：《大韓季年史》，首爾：國史編纂委員會，一九五七年。
蔡元培：《蔡元培全集》第一冊，杭州：浙江教育出版社，一九九七年。
蔣廷黻編：《近代中國外交史資料輯要》（中卷），台北：台灣商務印書館，一九五九年。
譚嗣同：《譚嗣同全集》，增訂本，北京：中華書局，一九八一年。
不著撰人《韓國併合ニ關スル書類》，東京：國立公文書館藏。

Timothy Richard, *Forty-five Years in China*, New York: Frederick A. Stokes company, 1916.

㈡近人著作

小栗又一：《龍溪矢野文雄君傳》，東京：大空社，一九九三年。

王曾才：《西洋近世史》，台北：正中書局，一九九一年。

孔祥吉：《康有爲變法奏議研究》，瀋陽：遼寧教育出版社，一九八八年。

孔祥吉：《戊戌變法運動新探》，長沙：湖南人民出版社，一九八八年。

孔祥吉、村田雄二郎合著：《罕爲人知的中日結盟及其他——晚清中日關係史新探》，成都：巴蜀書社，二〇〇四年。

石錦：〈甲午戰後日本在華的活動〉，收於中國文化復興運動推行委員會編：《中國近代現代史論集》第十一編《中日甲午戰爭》，台北：台灣商務印書館，一九八六年。

余英時：〈戊戌政變今讀〉，收於《二十一世紀》第四十五期，一九九八年二月。

林明德：《日本近代史》，台北：東大圖書公司，二〇〇四年。

林明德：《袁世凱與朝鮮》，台北：中央研究院近代史研究所專刊二十六，一九七〇年。

林華國：《歷史的眞相：義和團運動的史實及其再認識》，天津：天津古籍出版社，二〇〇二年。

沈靜如：〈戊戌變法與日本〉，收於《歷史研究》一九五四年第六期。又收入李文海、孔祥吉編：《戊戌變法》，成都：巴蜀書社，一九八六年。

李守孔：《李鴻章傳》，台北：台灣學生書局，一九八五年。

李丙燾著，許宇成譯：《韓國史大觀》，台北：正中書局，一九六一年。
李劍農：《中國近百年政治史》，上海：復旦大學出版社，二〇〇二年。
邱榮裕：《東亞同文會と中國の政治改革（一八九八—一九一一）》，京都：立命館大學大學院文學研究科課程博士論文，二〇〇一年。
邱濤、鄭匡民：〈戊戌政變前的日中結盟活動〉，收於《近代史研究》二〇一〇年第一期。
芮瑪麗著，房德鄰等譯：《同治中興：中國保守主義的最後抵抗》，北京：中國社會科學出版社，二〇〇二年。
茅海建：《戊戌變法史事考》，北京：三聯書店，二〇〇五年。
茅海建：《從甲午到戊戌：康有爲《我史》鑒注》，北京：三聯書店，二〇〇九年。
茅海建：《戊戌變法史事考二集》，北京：三聯書店，二〇一一年。
馬勇：《戊戌政變的台前幕後》，南京：江蘇人民出版社，二〇一二年。
孫克復：《甲午中日戰爭外交史》，瀋陽：遼寧大學出版社，一九八九年。
郭廷以：《近代中國史綱》（上下冊合訂本），香港：中文大學出版社，一九八九年。
戚其章：《晚清海軍興衰史》，北京：人民出版社，一九九八年。
戚其章：〈旅順大屠殺眞相再考〉，《東岳論叢》二〇〇一年第一期，頁三七～四三。
梁伯華：《近代中國外交的巨變》，台北：台灣商務印書館，一九九一年。
梁啓超：《清代學術概論》，台北：台灣商務印書館，一九八五年。
湯志鈞：《戊戌變法史論叢》，台北：谷風出版社，一九八六年。

湯志鈞：《乘桴新獲——從戊戌到辛亥》，南京：江蘇古籍出版社，一九九〇年。

湯志鈞：《康有爲傳》，台北：台灣商務印書館，一九九七年。

黃彰健：〈論戊戌政變的爆發非由袁世凱告密〉，收入黃彰健：《戊戌變法史研究》，台北：中央研究院歷史語言研究所專刊五十四，一九七〇年。

張建偉：《溫故戊戌年》，台北：時英出版社，二〇〇二年。

雷家聖：〈戊戌變法時期的「借才」、「合邦」之議：戊戌政變原因新探〉，《歷史月刊》第一百八十一期，台北：歷史月刊社，二〇〇三年二月，頁一二二～一二八。

雷家聖：《力挽狂瀾——戊戌政變新探》，台北：萬卷樓，二〇〇四年。

雷家聖：〈茅海建《戊戌變法史事考》〉，《漢學研究》第二十三卷第二期，二〇〇五年十二月，頁五三一～五三八。

雷家聖：〈失落的眞相——晚清戊戌變法時期的「合邦」論與戊戌政變的關係〉，韓國《中國史研究》第六十一輯，二〇〇九年八月，頁一七七～二一〇。

雷家聖：〈茅海建《從甲午到戊戌：康有爲〈我史〉鑒注》〉，《香港社會科學學報》第三十七期，二〇〇九年秋冬號，二〇〇九年十二月，頁二〇一～二一二。

雷家聖：〈讓史料證明，讓證據說話——評介林華國教授《歷史的眞相：義和團運動的史實及其再認識》〉，韓國《中國史研究》第六十四輯，二〇一〇年二月，頁二六五～二七一。

雷家聖：〈《大東合邦論》與《大東合邦新義》互校記—兼論晚清「合邦論」在中國的發展〉，韓國《中國史研究》第六十六輯，二〇一〇年六月，頁八七～一〇七。

雷家聖：〈評茅海建《戊戌變法史事考二集》〉，韓國《中國史研究》第七十八輯，二〇一二年六月，頁二二一～二二八。
雷家聖：〈康有爲是賣國賊嗎？——再論戊戌政變的原因〉，《實踐博雅學報》第二十二期，二〇一五年七月，頁一～一八。
楊天石：〈康有爲謀圍頤和園捕殺西太后確證〉，收於《光明日報》一九八五年九月四日。
翟新：《東亞同文會と中國—近代日本における對外理念とその實踐》，東京：慶應義塾大學出版會，二〇〇一年。
錢穆：《國史大綱》，修訂本，台北：台灣商務印書館，一九九一年。
錢穆：《中國近三百年學術史》，台北：台灣商務印書館，一九八三年。
錢穆：《兩漢經學今古文評議》，台北：東大圖書公司，一九七一年。
蕭公權著，楊肅獻譯：《翁同龢與戊戌維新》（《蕭公權先生全集》第五冊），台北：聯經出版公司，一九八三年。
顧長聲：《歐風美雨襲中華》，美國加州：長青文化公司，二〇〇一年。
費正清（John K. Fairbank）編，張玉法主譯：《劍橋中國史》第十一冊《晚清篇（下）》，中譯本，台北：南天書局，一九八七年。

家圖書館出版品預行編目資料

失落的真相—晚清戊戌政變史事新探／雷家聖
著.--初版--.--臺北市：五南,2016.09
面； 公分.
SBN 978-957-11-5503-5（平裝）

75.7 9824326

1WJ1

失落的眞相
——晚清戊戌政變史事新探

作　　者— 雷家聖
發 行 人— 楊榮川
總 經 理— 楊士清
主　　編— 陳姿穎
封面設計— 羅秀玉
出 版 者— 五南圖書出版股份有限公司
地　　址：106台北市大安區和平東路二段339號4樓
電　　話：(02)2705-5066　傳　　真：(02)2706-6100
網　　址：http://www.wunan.com.tw
電子郵件：wunan@wunan.com.tw
劃撥帳號：01068953
戶　　名：五南圖書出版股份有限公司

法律顧問　林勝安律師事務所　林勝安律師

出版日期　2016年 9 月初版一刷
　　　　　2017年 5 月初版二刷
定　　價　新臺幣380元